华夏智库·新经济丛书

店铺合伙人

DIANPU HEHUOREN

王奕程◎著

经济管理出版社
ECONOMY & MANAGEMENT PUBLISHING HOUSE

图书在版编目（CIP）数据

店铺合伙人/王奕程著 . —北京：经济管理出版社，2018.7
ISBN 978-7-5096-5831-4

Ⅰ.①店… Ⅱ.①王… Ⅲ.①企业管理—创业 Ⅳ.①F272.2

中国版本图书馆 CIP 数据核字（2018）第 118337 号

组稿编辑：张　艳
责任编辑：任爱清
责任印制：黄章平
责任校对：王淑卿

出版发行：经济管理出版社
　　　　　（北京市海淀区北蜂窝 8 号中雅大厦 A 座 11 层　100038）
网　　　址：www.E-mp.com.cn
电　　　话：(010) 51915602
印　　　刷：三河市延风印装有限公司
经　　　销：新华书店
开　　　本：720mm×1000mm/16
印　　　张：13
字　　　数：165 千字
版　　　次：2018 年 7 月第 1 版　2018 年 7 月第 1 次印刷
书　　　号：ISBN 978-7-5096-5831-4
定　　　价：42.00 元

前　言

老板必看：移动互联时代，创业需要什么？——合伙人

2013 年，电影《中国合伙人》霸占了荧屏，同时也引发了无数创业者的共鸣。电影以俞敏洪、王强、徐小平为原型，讲述了三个年轻人在新东方创业路上肝胆相照的故事，引发了人们对于合伙人的思考和认识。

移动互联网时代，不是英雄主义的年代，没有谁能够单枪匹马靠着自己的双手杀出一条血路、成就一番事业。无论是新东方的"三驾马车"、阿里巴巴的"十八罗汉"、腾讯的"五虎将"，还是百度的"七剑客"，无一例外地证明：这是创业的时代，更是合伙人的时代！

在投资界有这样一句话："让我投资一个只有一个创始人的企业，除非真的发生奇迹。"在投资者看来，创业需要的是一个团队，而非某个人的才干。在互联网的浪潮下，单独一人已经难以扛起创业这面大旗。因为一个人即便再优秀也不可能具备创业需要的所有技能和资源，而创业需要面对的是方方面面的问题，没有谁是十项全能。

此外，一个人对市场的思考和理解受个人眼界等客观因素的影响，必定会存在一定的局限性，其个人必定有欠缺的地方。所以，优秀的创业者在正式创业前都会从事业整体规划出发，明确哪些方面的技能和资源是自己所欠缺的，再寻找合作者，让资源和技能实现整合，共同发展。

在"大众创业、万众创新"的时代，很多人创业都失败了，究其原因不是个人能力问题，而是不懂得合作共赢。奇虎360董事长周鸿祎曾说："所谓传统高管的概念也许已经过时，店铺需要的是真正的事业合伙人、创业合伙人。合伙人的时代已经到来，共创、共享、共担将取代简单的雇佣关系，合伙人将取代职业经理人，有潜力的员工也将以事业合伙人的身份真正主导自己的事业与未来。创业者与管理者只有不断吸引优秀的合伙人加入，才能保持团队的战斗力。"

在"团队第一，产品第二"的时代，"合伙人"一跃成为当下创业界最热门的词汇。如今，合伙人已不再是个简单的概念，而是作为一种合伙精神、领导力和经营思维融入到创业之中。本书正是基于此，详细阐述了店铺合伙创业的种种。

最后，郑重地提醒广大创业者：创业，合伙才会走得更长远。不懂合伙就开店，必然会受到市场和对手的无情碾压。不懂合伙，必定失败！

目　录

第一章 万夫一力，天下无敌：
移动互联网时代的合伙人

第一节 合伙人的定义及特点

2013 年，电影《中国合伙人》红遍大江南北，它以极强的代入感、逼真的情节吸引了观众的注意力，也从侧面向人们展示了合伙制的好处和优势。

正所谓"众人拾柴火焰高"，在明确创业目标之后，大多数创业者都会拉上几个志趣相投的伙伴一起奋斗。在众多合伙人团队中，阿里巴巴无疑是最成功的，阿里巴巴在美国成功上市，也让合伙人成了业界的一段佳话。其实，采用合伙人制并取得巨大成功的企业除了阿里巴巴之外，还有万科、华为、小米等。

以新东方的三位创始人俞敏洪、徐小平和王强为例，俞敏洪是一部"移动英语词典"，虽然他的英语发音不够标准，但他上进心很强，不畏挫折；徐小平，原本是留学、签证、职业规划和人生发展的咨询家，也是一个浑身上下充满激情的人；王强，毕业于美国纽约州立大学，理想主义十足，但做事非常冷静。三个人的性格互补，一起合作，开创了新东方。

又如，阿里巴巴的创始人马云、彭蕾、张瑛等 18 位伙伴。在创业初期，18 人一起集资 50 万元。他们将马云家作为办公室，工作无休息日，为今天的阿里帝国打下了坚实的基础。创业本身就是九死一生，创业初期，合伙人都要经历一段异常忙碌的日子。

任何一个创业者都不可能精通创业的所有方面，都应当选择与自己互补的合作者。在创业初期，最重要的不是商业计划，不是融资，而是合伙人的选择。

那么，究竟什么是合伙人呢？在创业时，有些人会跟自己的好哥们儿、好朋友、同学等合作，然而这并不能算作真正的合伙人。很多创业企业之所以失败，最大的原因并不是对手有多强大，而是因为一起创业的合伙人虽然能够为了店铺的发展而共同努力奋斗，但一旦店铺处于平稳期，就容易出现问题，也就是人们常说的"可以共患难，但无法同享乐"。

由此可见，合伙人的选择确实非常重要。通常，只有满足品质好、利于合作、有共同价值观、跟自己互补、经历相同、理想相同、目标相同等条件，才是最佳合伙人。这样的合伙人才是创业路上的最佳伙伴，创业时是战友、是伙伴，能够互相帮助、彼此扶持；创业后能够互相提携，一起实现伟大的梦想。

概括起来，合伙人主要有以下几个特点：

1. 彼此目标契合且能促进合作

如今，社会高速发展，仅靠个人力量创业，已经无法适应时代发展的需求，只有大家一起合伙创业才是未来的趋势。然而，并不是随便找个人就能成为合伙人，也不是只要是朋友或同学就能成为合伙人。而是只有找到志趣相投的人，才能实现自己的创业梦想，才有利于合作。

"物以类聚，人以群分"的俗语告诉我们，要想让自己的创业少走弯路，必须跟有共同理想、有类似经历的人一起合作。不管跟谁合伙创业，首先都要有利于合作，否则都是空谈。

2. 具有良好的个人品质

好的合伙人，一般都有着良好的品质，例如，价值观相同、关系互补、经历相同等。

（1）价值观相同。价值观是选择创业伙伴的关键要素。只有彼此的价值观相同或相近，才会拥有共同的认识和追求，才能在店铺认同感、发展愿景及合作等方面保持高度默契。价值观不同，不相为谋！

（2）关系互补。每个人都有自己的长处和短处，所谓互补是指创业合伙人要在不同领域各有所长，弥补各自的不足。例如，一个负责销售，一个负责产品。如果两人都适合做销售，或者都适合做产品，最好不要合作。同样，如果两人性格都内向，也不要成为合伙人。

（3）经历相同。共同经历也是选择合伙人的一个重要条件。如果没有一起共事过，但有着相同的工作经历，也可以合伙。共同经历会让彼此更加了解和熟悉，在合作过程中配合起来会更加默契。

3. 具有特殊性、唯一性

合伙创业人数宜精不宜多。寻找一个合适的合伙人已经很难了，找几个就更难。创业初期，核心人物最好控制在两个人为好，例如，乔布斯和沃兹尼克、艾伦和盖茨等，他们都是以"一个创始人、一个联合创始人"的方式合伙的，是合伙创业的典范。

第二节　合伙人的三种类型

概括起来，合伙人一共有三种类型：股东合伙人、事业合伙人、生态链合伙人。

类型一：股东合伙人

所谓股东合伙人是指在工商局登记注册的股东，是店铺的最终所有者，也是实股股东或注册股东。这是合伙人的最高阶段，也是最紧密的合伙形式。股权把股东合伙人相互联结在一起。

2017 年电视连续剧《人民的名义》热播，其中有个情节：起初，大风厂以公司股权（员工持股为 40%）作质押向山水集团借款 6000 万元。后来，大风厂无力偿还借款，山水集团便受让了全部股权，股权市值高达 10 亿元，而根据合同的约定，山水集团不用给大风厂员工任何补偿。结果，山水集团组织本集团员工强拆大风厂，大风厂员工努力护厂，继而引发大火。

大风厂员工为何不愿放弃股权？因为这是他们的原始股，一旦大风厂成功上市，员工手中的股权就可以置换成几十倍的财富，他们认为，无股权不富。

按照这个逻辑，可以进一步把股权分成创业式和渐进式两种。

1. 创业式股权

《从 0 到 1：开启商业与未来的秘密》这本书是美国著名的投资家彼得·蒂尔（Peter Thiel）写的畅销书，该书将创新比喻成从 0 到 1 的过程。其实，初创店铺也是一个从 0 到 1 的过程，其发展也要经历一个从无到有的过程。初创时期，只要投入有形资产或无形资产就能成为店铺的创始股东——股东合伙人。

大部分初创店铺，股东合伙人通常都是亲戚朋友。因为在发展初期公司前景不明朗，所以无法吸引优秀人才加盟，这也是我国家族式企业众多的重要原因。

初创企业的股东合伙人拥有先天股权。一旦企业发展壮大 IPO 上市，股权就会成为一种资本市场货币，股东合伙人就会名利双收；反之，如果企业半路夭折，股东合伙人手中的股权就会打水漂，从此变得一文不值。

1983 年，百事可乐总裁约翰·斯卡利（John Sculley）加入苹果，担任 CEO。斯卡利之所以愿意加入，源于乔布斯的那句话："你是想卖一辈子糖水，还是想抓住机会改变世界。"

然而，事与愿违，史蒂夫·乔布斯（Steve Jobs, 1955～2011）犯了股权设计的错误。虽然斯卡利没有改变世界，却改变了乔布斯。1988 年，迈克·马克库拉（Mike Markkula）联合投资人将乔布斯赶走。虽然乔布斯是创始人，但他仅有 15% 的股份，出局也就成了必然。

1996 年，乔布斯回归，马克库拉离开。苹果公司正式进入乔布斯时代，最终发展为全球市值最高的公司。

2. 渐进式股权

在店铺发展过程中，必然要面临生存压力与倒闭危机。如果不解决股权架构设计的问题，店铺就会出现"把自己的孩子养大，叫别人爹"的现象。例如，雷士照明企业的吴长江和真功夫集团的蔡达标便是典型的"兄弟式结合，仇人式散伙"。

虽然渐进式股权存在先天缺陷，但从另一个角度来看，这个阶段的企业成功度过生存期，除了依靠自身的经营之外，企业会选择收购、兼并等资本运作的手段来做大做强。

类型二：事业合伙人

事业合伙人是指在本店铺内掌握自己命运、共创事业、共享利润、责任共担的人。虽然同样是使用"事业合伙人"称谓，但不同店铺因组织结构、授权程度、激励力度等因素不同，也会有很大的差异。

事业合伙人可以分为两类：

一类是店铺拿出一项业务、产品、项目、区域（单店）等可独立核算的经营体，同参与该经营体运营的员工一起投资、共享利润、共担风险，如万科的项目跟投、连锁企业的单店员工入股等都属于这种形式。万科以股票跟投和项目跟投的方式实现利益捆绑，如今该公司正在进一步扩大化，不仅想将产业链上下游也变成事业合作伙伴，同时在新机制的驱使下，试图突破职业经理人的科层化、责权化和专业化等问题；去中心化，由金字塔式的组织结构转变成扁平化结构，实现共创、共享、共担的分享机制，建立一种新型房地产生态系统，搭建平台式架构，真正让员工变成自己人，让他们自己来掌握自己的命运。

另一类是店铺不分业务、项目、区域，将虚拟股份对应整体经营盈利情况，由合伙人出资认购公司的整体虚拟股份，之后根据店铺的整体盈利状况进行分红、承担风险，如华为的内部员工持股计划。作为西方电信巨头最强有力的对手，华为从来不招聘员工，只寻找合伙人，从一开始就打上了事业合伙人制度的印记。华为将员工分制度升级为合伙人品牌分制度，用品牌分来衡量员工对公司的业绩和文化贡献；同时，建立合伙人品牌分账户，实行虚拟合伙人股份机制，让员工与公司成为利益、事业、命运共同体，激励员工为自己的合伙人事业奋斗。

事业合伙人制度的核心是"以人为本"，实现了打工者到事业合伙人升级既涉及控制权的安排，也涉及分享机制、发展机制、管理机制等。不同类型的店铺由于所处的发展阶段不同，实施的重点也有差异，但共同点却很明显——以人为核心，以利益为纽带，从打工者升级到事业合伙人，最终实现四大愿望：掌握自己的命运、形成背靠背信任、做大事业、分享成就。

类型三：生态链合伙人

美道家是中国互联网+上门美容模式的先驱，2015 年 9 月该公司进行了外部合伙人的现场选拔，开放了 100 位城市合伙人名额，一个城市竞选一个合伙人，只要竞选成功，就能掌握美道家当地城市的运营权，坐拥当地所有客户资源。那么，美道家是如何与外部合伙人合作的呢？成立省级直营公司，美道家控股 51%，省级公司合伙人最多占股 49%；省级公司合伙人必须多倍溢价出资，即美道家 1 元/股，外部合伙人需要大于 1 元/股出资。在这次外部合伙人大会上，美道家再次升级了自己的"圈地运动"，引发了众多企业家的追捧。会议当天，确定了 20 多个省级最大合作股东（49%以内），美道家当天吸资上亿元。

所谓生态链合伙人是指外部合伙人，如店铺的供应商、经销商、客户、投资人、离职员工及拥有一定资源的提供者。美道家就是通过外部合伙人的方式来完成快速扩张的典范。

这种方式合伙人的特点主要体现在以下两点：

1. 操作的便利性

用股权来进行产业上下游的收购与整合，有些经销商不愿意自己被别人整合，自身又达不到整合别人的规模。只有引入合伙人制度，做好前期评估，制定好游戏规则，这种联盟才是有价值的。

泸州老窖外部合伙人制度便是将上游品牌资源、下游渠道商资源、供应链资源和营销团队整合成一个有机整体，成立了与各个体都有关系的合伙人平台公司，打通了整个产业链资源，铸就了一个生态型平台企业，改变了原来"上游只想压货、压利润，下游渠道商只想要政策支持"的博弈局面。由于上下游和营销团队都是利益共同体，彼此之间的博弈自然就少了。同时，由于价值目标一致，在整合上下游资源后，还有效地解决了上下游距离远、机制对市场反应慢、库存周期长而抛货乱价等问题。

2. 存在一定的风险

在实操过程中，生态链合伙人也有潜在风险，最好以合伙店铺的形式存在，尽量不要采用直接注册股份的方式。一旦供应商成为股东合伙人，按照《公司法》规定，就有权查看店铺财务报表，店铺的产品定价和策略、利润空间、采购底线等都不再是秘密。

第三节 合伙人的适用企业

合伙人作为一个耳熟能详的概念既是店铺的所有者，除是店铺的管理者之外，还是店铺债务和义务不可推卸的责任人。如今，在大佬的光环下，合伙人已逐渐成为大家所关注的焦点。

2014 年，阿里巴巴结束了与港交所旷日持久的博弈，最终因为不愿放弃合伙人制而出走纽交所。同年，中国房地产业龙头万科集团召开了合伙人创始大会，1320 位中高级管理人成为首批万科事业合伙人。万科总裁郁亮喊出了响亮的口号："职业经理人已死，事业合伙人时代诞生。"

如今，合伙人制已经被应用到异常广泛的领域，例如，爱尔眼科根据阿米巴原理，在企业内部的创业领域实施了本土化和个性化应用，推出了特殊的合伙人计划；万科集团针对股权分散的股权结构，启动了事业合伙人计划。

这些公司之所以能够取得成功，是因为大家在目标、对象、模式和资金来源等方面都各有特点。如果店铺不顾及自己的实际情况，一上来就搞合伙制，很容易让店铺处于被动地位。也就是说，并不是任何时候、任何公司都适合搞合伙制。适合搞合伙制的企业类型有以下四种：

1. 知识型企业

知识型企业如果想获得长远发展，就要不断创新，而要想实现这一点，就需要有责任心、投入度、创造性和协作性等所必须具备的条件。合伙人只有具备这些优势，才能在一定程度上将资本与知识的关系协调好。让核心员工通过有限合伙对企业进行间接持股，让资本持有者与知识持有者和谐融合，组织才能够突破传统的雇佣与被雇佣的关系。

爱尔眼科的合伙人就是公司内部的核心人才，还包括新医院及上级医院的核心人才。这些人才集合了公司的知识技能，是公司的中流砥柱。他们按照出资比例来分配企业利润，该公司在达到一定的盈利水平后，以认定的价格来收购合伙人持有的股权。同时，爱尔眼科合伙制还设立了健全的退出机制。合伙人如果想退出，就可以转让自己手中的股权，不需要全体合伙人一致同意。这种方式异常灵活，可以有效激发出核心员工的兴趣，从而实现合伙机制效能的最大化。

2. 处于初创期或者战略转型期的企业

最适合搞合伙制的是初创期的企业或战略转型期的企业。因为，这些企业一般都面临着授权风险，在自主创新、主动协同等方面遇到了很多难题，想要匹配企业向前发展和转型的管理行为变化，就要建立一种适宜的激励体制。

一家刚成立的快递公司，创始人可能只有一个，但是在公司业务不断开展后，问题就会越来越多，例如，员工工作不努力、客户投诉多、仓库管理出现问题等，创始人就会忙得焦头烂额、不知所措。这时候，完全可以让各部门的负责人成为合伙人，给他们一定的股权，提高他们的工作积极性，鼓励他们为企业的发展做出更大贡献，让自己得到更多的分红和利润，公司也就可以在最短的时间里发展壮大了。

3. 控股权稳定的企业

合伙制的有效性来源于原有股东与合伙人的利益的一致性，如果原有股权结构太过分散，就无法达成利益一致，很容易给企业的行动力和执行力造成缺陷，即使引入新的合伙人，也无法解决问题，甚至还可能出现更多的纷争。因此，只有企业的控股权稳定，才能搞合伙制。例如，虽然万科集团股权结构高度分散，但经营层面的股权人却很好地控制了集团，所以万科的控股权是稳定的，适合搞合伙制。

万科之所以要采取合伙人制，主要就是为了加强公司经营层的控制力。万科成立深圳盈安财务顾问有限合伙制企业，其中，普通合伙人是深圳盈安财务顾问有限公司，有限合伙人是上海万丰资产管理公司和华能信托有限公司，三家企业的实际控制人其实都是万科内部高层。

4. 轻资产型企业

轻资产型企业是一种以价值为驱动的资本战略模式，具体方式是：建立一种良好的管理平台，集中精力进行开发和市场的推广，有效促进企业的生存和发展。当企业处于这种模式时，就可以采用合伙制。例如，阿里巴巴和小米都是典型的轻资产型企。其特点是：自然资源、厂房等硬件有形资产很少，大部分都是轻型资产。和重资产型企业比起来，轻资产型企业在合伙人入股价格方面比较低，却能获得同样的增值利润，每股收益会更高。

第四节　合伙制的影响因素

合伙制才是流行的趋势！

创业是个高危选择，往往一家成功的创业店铺背后，都是无数次的失败。如今很多成功的店铺，当初都曾经历过九死一生。例如，阿里巴巴。

1995 年，马云带领团队做中国黄页，结果失败。1997 年，做网上中国商品交易市场（阿里巴巴的雏形），最终也失败了。阿里巴巴今天的商业帝国，淘宝、支付宝和天猫等明星产品，最有价值的都是背后的团队，尤其是马云和他的 18 位联合创始人。

老板的主要任务就是将整个班子团队搭好，做好合伙制。新东方董事长俞敏洪对合伙人机制赞不绝口，他认为自己乃至新东方的成功，都归功于合伙人制。在信息科技革命时代，店铺的组建形式也发生了细微变化。只要有资本，每个人都可以成为店铺合伙人，与店铺共同发展、共同前进。

1. 合伙制及其影响因素

如今，大家都在说合伙制，那么究竟什么是合伙制？所谓合伙制主要是指由两个及两个以上所有者一起享有企业权益资产的非公司制企业。

合伙制主要有两种形式：一般合伙制和有限合伙制。在一般合伙制企业中，所有的合伙人会提供一定比例的资金，共同分享相应的利润、分担相应的风险。有限合伙制，则允许合伙人的责任仅限于每人在合伙制企业的出资额。其中，至少有一人是一般合伙人，有限合伙人不参与企业管理。

合伙制的形成，受到一定因素的影响，也就是创建合伙制店铺的前提条件。

（1）费用通常比较多，容易成立。无论是一般合伙制企业，还是有限合伙制企业，在进行复杂安排时，都要采用书面形式。

（2）一般合伙人对公司所有的债务负无限责任，有限合伙人仅限于负与其出资额相对应的责任。如果某个一般合伙人无法履行自己的承诺，不足部分将由其他一般合伙人承担。

（3）一般合伙人一旦撤出或者死亡时，一般合伙制将会随之终结。但在有限合伙制中，这种方式不适用。通常，所有的一般合伙人必须一致同意某项决定；而在有限合伙制中，有限合伙人可以随时将自己手中的权益抛售出去。

（4）合伙制企业很难筹集大量资金，权益资本的贡献通常要受到合伙人自身利益和能力限制。例如，苹果公司，始于个体创业制或者合伙制形式，在达到一定程度时，才能转换为公司制形式。

（5）合伙制企业的合伙人，对于企业的生产经营所得和其他所得，按照合伙协议约定的分配比例确定应纳税所得额。

（6）合伙制店铺的管理控制权属于一般合伙人，在重大事件如企业利润留存数额上往往通过投票来决定。

2. 不同意义上的合伙制

谈到合伙制的细节，首先要区别法律意义和管理意义上的合伙制。两种意义上的合伙制是不同的：

（1）法律意义上的合伙制。法律意义上的合伙人是指在法律和协议的约束下，可以一起投资、经营、分享利润、承担风险的法人或者自然人。在这种合伙人机制中，普通合伙人要对合伙制企业的债务承担无限连带责任，有限合伙人仅仅承担有限责任。如果店铺财产不能清偿店铺债务，普通合伙人则要用自己的个人财产对其他普通合伙人名下的店铺债务负责，有限合伙人则只要赔付缴纳的出资额即可。

（2）管理意义上的合伙制。管理意义上的合伙制，又叫作"公司体制下的合伙制"，是法律意义上的合伙制管理模式的一种借鉴。公司合伙人制不能改变公司的法律性质，但可以脱离无限责任的约束，实行类似合伙人店铺的机制和模式，将短期激励与长期激励有效结合起来，发挥核心人才的积极性。

由此可见，公司合伙人机制有其存在的优势，既能整合合伙制店铺的组织优点，又能很好地规避责任风险，是公司制和合伙制店铺的最好组合形式。

第五节　合伙制的特征与优缺点

在进行店铺合伙制改革的路上，万科独辟蹊径，选择了创新型的"事业合伙人计划"，引领了店铺合伙制改革潮流。

2014年4月，万科集团1320名员工共同出资14.1亿元，创立了盈安有限合伙企业，成为首批万科事业合伙人。同年5月，盈安合伙引入融资杠杆，以3亿元购得3583.92万股万科A股股票，完成了盈安合伙投资首秀。截至

2015 年 1 月，盈安合伙共同出资 49 亿元，对万科股票进行了 11 次增持投资。该计划将员工利益与企业利益有效结合起来，企业与员工同担风险、共享收益，不仅有效激发了员工工作的积极性，还实现了管理上的创新。

如今，越来越多的初创店铺开始采用合伙制，并逐渐形成了一套规范的体系。然而，合伙人制也不是所有店铺都可以直接拿来使用的，如家族式企业就很难推行。

与雇佣制企业和公司制企业比较起来，合伙制企业具有明显优势，同时也有一些缺点，这些优缺点共同构成了合作制的主要特征：合伙制企业要由两个或两个以上的投资人一起设立；以合伙协议为基础；合伙人要按照协议来共同投资、经营，共享收益和共担风险；合伙人要对企业的债务负相关责任；合伙制企业不能取得法人资格。

例如，唐克和小柔是一对恋人，两人在 2010 年合伙出资成立了一家广告公司。两人达成口头协议，公司由唐克单独注册并成为法定经营者。经过几年的经营，公司逐渐发展壮大，可是两人矛盾不断，于 2015 年提出分手。小柔不想继续合伙，想撤资退出。可是，唐克却以没有正式的书面协议为由，拒绝了小柔提出的共享利益、获得部分权益的要求，仅仅返还了小柔最初的出资额和相应利息。小柔本来可以享受很多权益，可是由于合伙出资之前没用合同的形式确定下来，让自己吃了亏。由此可见，跟人合伙创办企业，如果想维护自身利益，如果想将合伙企业规范下来，就要签订书面且合法的合伙协议。

除了一般合伙制和有限合伙制之外，还有一种特殊的合伙制企业，叫"特殊普通合伙制企业"。要想成立特殊普通合伙制企业，需要具备两个条件：第一，某个或者多个合伙人引起企业债务，由其承担无限责任或无限连带责任，其他合伙人只承担有限责任；第二，非重大过失引起的企业债务，所有合伙人承担无限连带责任。从本质上来看，这种模式依然是一种普通合伙制企业。

无论是一般合伙制、有限合伙制，还是特殊普通合伙制，都有其共同之处：自愿组成的合伙组织、不具备独立法人资格、有至少一个承担无限责任的普通合伙人。合伙制之所以能够得到人们的认可、受到众多大公司的青睐，是因为它具有以下三个优点：

1. 能有效扩大资金来源和增强信用能力

在店铺的发展过程中，资金占据着重要地位，如留住人才、增添设备、抢占市场、上市等都需要资金。使用合伙制，可以让店铺拥有更多的资金来源。多一个合伙人，就会多一份资本；同时，当合伙人出资后，为了店铺的长远发展，会共同努力、诚信经营，如此也能在一定程度上增强店铺的信用能力。

2. 能聚集更多的智慧和创意，提高竞争力

采用合伙制，合伙人的技术、人才、智慧、创意等就会融入店铺，不但能有效地提高其他合伙人的积极性，还可以为店铺带来大量的人才和软设备，提高店铺竞争力。

3. 能增加店铺发展和扩大的可能性

合伙制给店铺带来了更多的机遇，合伙制店铺往往可以在未来走得更远，店铺发展速度和规模也会随着合伙制的出现而增加得越来越多。

当然，除了上面三点之外，合伙制还有很多特点；而且，根据不同店铺的特点，合伙制的优点还会被不断放大。但是，合伙制也有缺陷，例如：在合伙制的基础上，很难进行产权转让；合伙人要承担无限责任，压力大；合伙人具有变动性，很可能让机制出现混乱，无法长久发展下去；店铺内部容

易出现分歧，合伙人意见不一致很容易影响决策的制定，乃至影响未来的发展计划。

店铺要清醒地认识合伙制的优缺点，根据自身的特点来判断是否采用合伙制，有效规避缺陷、发挥优势。

第六节　合伙人五大好处

雷军说："一个靠谱的工程师顶100个普通员工，最好的人本身有很强的驱动力。"小米创立初期，雷军花费80%的时间来招人，20%的时间来用人，让小米从一开始就拥有八个各挡一面的事业合伙人。资料显示：雷军持股77.8%、黎万强持股10.12%、洪峰持股10.07%、刘德持股2.01%，是典型的股份合伙制；其他初创期的40多名员工自掏腰包成为公司的原始股东。

小米的组织架构只有三级：七个核心创始人、部门领导和员工。为了提升团队的运作效率，小米各团队规模都很小，一旦团队规模变大，就会被拆分成小团队。小米的办公布局，一层产品、一层营销、一层硬件和一层电商，每层都由一名创始人来负责，并将每层的工作执行到底。负责不同层的创始人之间互不干涉，各自在分管的领域承担起自己的责任。

小米事业合伙人意味着共同的使命愿景、共同努力、达成组织目标，小米赖以成功的核心在于——事业合伙人队伍、人才队伍，主要依靠的就是具有创新心态的高级人才。

2014年，网络上发布了这样一条信息：王健林、马化腾、李彦宏合作。相信这三个人根本就不缺钱，那么为何要合作？为了整合更多的资源，打造更大的平台，为消费者提供更好的服务。于是，强强联合，开创了新企业，将各自的优势资源巧妙整合到了一起。

创业者需要有广阔的胸怀、异于常人的眼光、更高的境界。想要干一番大事业，就不能过于自负，更不能高估了自己的能力，也不能低估他人的价值。

如今的时代并不适合单打独斗，需要实现资源共享、合作共赢、优势互补。要想让自己变得强大，就要将他人的力量汇集到一起。比尔·盖茨（Bill Gates）曾说："一个领袖如果整天很忙，就证明一件事，能力不足；一个领袖如果整天很忙，就一个结果，毁灭。"单干的结局显而易见。

国内合伙创业大多数都是群体性合伙，如将熟人、朋友、亲戚、兄弟、姐妹、父子聚在一起。这种先将人气聚拢在一起，然后再想创业点子的合伙办法多半都会出问题；而且，一旦出现问题，会更难解决。当然，这里也有成功案例，如希望集团的刘氏兄弟、华帝七子、乐百氏五杰等。

那么，合伙创业究竟能够给店铺带来哪些好处呢？

1. 优势互补，抵消硬伤

金无足赤，人无完人。店铺 CEO 无论多么优秀，都会存在一些缺点甚至硬伤，在创业的某个阶段出现漏洞。可是，创业就像走钢丝，即使走在前段也得小心翼翼，一旦中间出现偏差，掉了下来，就失败了，回天无力。根据"木桶效应"，成功不在于长板，而在于尽量减少短板。为了保证创业的各阶段万无一失，在充分认识自己后，就要找到与自己优势互补的合伙人，尽可能地减少店铺短板。

2. 合伙人能各当一面

合伙人之所以重要，除了他们自己的工作能力之外，还在于他们的领导作用。初创公司在迅速发展的阶段，需要处理多方业务，仅凭CEO一人的力量，是无法应对的。如果合伙人具有很强的能力，有分担职责的"创始人"精神，就能够承担起公司的核心领导责任。如此，店铺CEO就能够将自己更多的精力放在重点业务和获取投资上。

3. 合伙人能扩充资源

初创公司要想获得成功，必须获得充分的资源支持。为什么公司的CEO都有着广泛的社交能力？为什么公司成立之初CEO和合伙人都要努力结识更多的朋友？原因是为了获得更多的资源！合伙人一般都有着很多的人脉与资源，他们与CEO的合作是公司最大的资源整合。

4. 有利于决策的执行

有时店铺里的各种意见纷纷出现，很难统一。分歧大时，还可能影响决策的执行。CEO在遇到难以解决的分歧、战略无法推行时，合伙人不仅能提供意见，还能大力支持CEO，继而影响到其他员工，让团队形成统一意见。

5. 加强内部监督

合伙制合伙人承担的是无限责任，一旦出现问题需要承担经济赔偿责任时，不仅当事人要为之付出代价，其他合伙人也要负连带责任。这种赔偿制度，让每个合伙人都谨慎执业，勤勉尽责；同时，还可以在合伙人之间形成一种内部监督机制，强化内部人员的责任感和危机意识。

经典案例分析：百度合伙人

百度最早由七个创始人创业，分别是：李彦宏、徐勇、刘建国、雷鸣、郭眈、崔姗姗、王啸，被业内称"百度七剑客"。百度是Google在中国望洋兴叹的本土企业，是纳斯达克的"中国奇迹"。它曾是一家当初只有七个人、从中关村起步的小公司，只用了 10 年时间，就成长为员工超过 7000 人的中国互联网界的巨人。

创业初期，李彦宏筹建公司没有花费太多时间。而在与风险投资商接触的同时，李彦宏就开始为公司搭建技术研发团队。李彦宏设定的第一个目标是刘建国。

刘建国曾主持过由国家自然科学基金委员会和国家计划委员会资助的多个研究项目，在国内 IT 业小有名气。他最为成功且为人所知的是组织开发了第一个中文搜索引擎——天网。在加入百度之前，刘建国是个地地道道的学院派。1988 年，刘建国从西安交通大学计算机系毕业，同年进入北京大学计算机学院攻读硕士学位，1991 年硕士毕业后留校任教，1997～1998 年在美国伊利诺伊州立大学做了两年访问学者。

1998 年夏天，李彦宏在清华大学搞了一个有关搜索引擎的讲座。从技术上来说，天网是当时国内搜索做得最好的，刘建国自然也就成了李彦宏邀请的对象。然而，由于种种原因，刘建国没有参加那次讲座。虽然没有机会见面，但李彦宏心里已经记下了这个人。

1999 年底，李彦宏给刘建国发了一封邮件，介绍了自己的计划和对中文搜索引擎的一些看法，并邀请刘建国与他一起来做这个项目。很快，刘建国回复了邮件。在接下来的一段时间里，李彦宏和刘建国探讨了许多搜索方面的话题，两人一拍即合。刘建国加盟百度，成为百度在国内招聘的第一位员工。后来，刘建国介绍周利民加入百度，负责架构设计。

有了将军和军师，下一步便是招兵买马。李彦宏和刘建国都是做技术出身的，心思比较简单，想招一些纯粹的技术人才来做搜索引擎，他们把目光放到了附近的高校。

当时互联网行业炙手可热，很快就找了一群学生过来面试，不久，公司团队就组建起来了。百度招聘的第一批实习生是来自中国科学院研究生院的崔珊珊、北京交通大学的郭眈等在校学生。

当时，百度刚刚在北大资源宾馆租了两间套房作为办公室。1417室是李彦宏和徐勇的办公室，里面还隔了一个小会议室；1414室则是工程师们工作的地方，有10个座位，都是两个人一组的卡座，位置比较宽敞。墙边还放了一个小休息桌，桌上堆满了食物，这或许就是百度免费早餐的起源。此外，办公室里面还有一块小白板，发布一些重要信息。这两间房子，见证了百度未来两年内的许多重要历史时刻。

2000年1月3日，在北大资源宾馆1414、1417房间，百度第一次全体员工会议召开。此时的百度，一共有李彦宏、徐勇、刘建国、郭眈、雷鸣、王啸、崔珊珊七个人，与会的这七人后来被称为百度"七剑客"。由于房子太小，大家只能盘腿坐在床上开会。会上没有高谈阔论，在简单介绍完组员及分工后，话题便转到搜索引擎的研发上。在会议结束时，大家对未来的工作已经有了大致的认识。在接下来的九年时间里，他们经历了诸多艰难、压力和风险，同时也收获了许多成功、愉悦和激动。

今天，百度员工已超过7000人，平均年龄28岁，"百度"这个名字成了拥有自主知识产权的民族品牌的象征。可能连当初的创业者都不会想到，短短10年时间，百度就缔造了一个神话。

第二章 人心齐，泰山移：找对合作伙伴方能克敌制胜

第一节 统一价值观是合伙的基础

价值观是在人的一定思维感官之上而作出的认知、理解、判断或抉择的，是一个人认定事物、辨别是非的一种思维或取向，体现着人、事、物的价值或作用。合伙人是否彼此认同，体现了对公司所做事情的认同，以及对初创者本人的认同。合伙人之间有共同的价值观和认同感，在未来创业过程中如果遇到问题，就可以一起努力克服困难。

一、价值观趋同，可以衍生出包容和信任，有利于稳固合作关系

案例 1. 创立企业的核心价值观

IBM 公司作为高科技企业，价值观是 Think（思考），代表着创新。IBM 认为，只有积极思考，改革创新，企业才会有希望。

杜邦公司是一家化工企业，该公司把价值观叫作"安全"。由于重视

"安全"问题，每年杜邦公司都会节省10亿美元的费用。他们不在乎产量，只在乎安全！

肯德基的价值观，其中之一就是"创新"，通过创新把握了餐饮行业的特质。肯德基在中国有很多创新，例如：肯德基的猪柳汉堡、早餐粥、安心油条，全世界都没有，只中国有……正是由于不断创新，用创新思维适应该地餐饮文化，肯德基才能称霸中国快餐领域。

案例2. 万科的核心价值观是客户

万科是地产行业的龙头企业，认为"服务好客户"至关重要，于是确定了一个价值观，叫作"客户是我们永远的伙伴！"其实，尊重客户、理解客户、持续提供超越客户期望的产品与服务，引导积极、健康的生活方式，是万科自始至终所坚持和倡导的理念。

一位叫李海的业主住在北京万科的某小区，一天早晨，李海夫妻俩在万科门口的一家餐厅吃饭，妻子忽然对李海说："我刚看到上次帮咱们扛大米的保安了，我帮他把早餐的费用付了。"原来前几天，李海家里买了20公斤大米，是这位保安帮忙把大米扛到李海家里的。

家里的阳台上堆了很多书，妻子跟李海抱怨多次："不能再买书了，家里都要放不下了。"李海抱着试试看的态度，跟万科物业做了沟通，没想到，万科保安特地从物业中找到一个储藏室，暂时堆放李海的书籍。李海因此对万科物业万分感激。

二、统一价值观是合作的前提

周康自开始创业以来，每次见到朋友都会愁眉不展地抱怨他的合伙人："我的人品很好，做事也兢兢业业，可就是不知道为什么我们的想法总是不合拍，无法达成一致。"周康感到很苦恼，既不想散伙，合作起来又很别扭。

其实，这种情况之所以会出现，正是由于两人的价值观不同导致的。

如果想讨论合伙店铺成功者和失败者之间的差别，就必须谈到价值观的问题。世界上差不多每个大型组织的墙上，都会挂有宣传自己的世界观和价值观的标语口号，成功的合伙店铺也是如此。但跟一般或者失败的合伙店铺不同的是，成功店铺不会仅停留在口头上，而会真正落实到行动上。店铺成员会对其进行思考和优化，并把它当作自己决策和行动的参照标准。

只有拥有相近或相似价值观的合作伙伴，才能产生共同的认识和追求，才能对创业态度、公司愿景有高度的默契，合作起来才能如鱼得水；如果价值观差得太远，遇到困难时就很难一起走下去，危机也无法得到解决，店铺就会走向衰亡。

所谓价值观就是走得越近越不容易判断是否相似或相近，走得越远则差距越明显。其实，做店铺都是表象，价值观核心在于团结。聚天下英才，共生共和，必有大成。

有家美国公司花了整整20年的时间去跟踪500家世界有名的大企业，发现它们有一个共同特点：就是一如既往地坚持人的价值高于物的价值、共同价值高于个人价值、社会价值高于利润价值、用户价值高于生产价值这四种基本价值观。

玫琳凯是全球著名化妆品集团，那里美女云集。每个身着粉红色套装、美丽而执着的美容顾问的名片上，都印着一句话：信念第一、家庭第二、事业第三。这就是玫琳凯全体成员的共同价值观。

创业者在选择合作伙伴时，选择价值观相当的人，也就找到了未来发展的方向。精神上的一致伙伴，决定着店铺能否发展壮大。

三、统一价值观是合伙的基础

世上没有两片完全相同的树叶，也没有百分之百统一的思想，但是既然要合伙创业，就要在核心价值观上不发生冲突。例如，一方的目标是为了赚钱，另一方是当作长久的事业进而自我实现，如此制定店铺战略时就很容易出现难以调和的矛盾，甚至分道扬镳。

创业需要一个气场，而这个气场就是由创业合伙人的价值观决定的。良好的创业氛围是由价值观相同的合伙人共同塑造的。

1. 敬业

简单来说，就是投入投入再投入，上下班时间和空间是没有清晰界限的，生活就是工作，工作就是生活。为了实现目标会自觉地加班加点，愿意付出。

2. 团队

创业公司很容易变成个人英雄的土壤，如果不能达到 1+1>2 的效果，就不叫团队。虽然为了工作可以争得面红耳赤，但出去要像亲兄弟一样抱成团。

3. 专注

价值观相同的人，会将注意力放在工作本身上来，不会深陷人事纠葛。半夜醒来忽然有一条奇思妙想，就会立刻爬起来记录下来。

4. 积极

看到问题，到处都是问题；看到机会，到处都是机会。如果你能从问题中发现机会，那你就是企业家。积极的心态促使你想干活、能干活，价值观相同让你会有阳光的笑容、自信的神态、快速的行动。

第二节 统一了愿景，才能合伙定战略

在许多人眼里，"愿景"是一个比较虚无的词，可是对优秀的创业合伙人来说，愿景很重要。对于创业者来说，志同道合的合伙人是创业成功的基础，许多创业团队都表示，共同的目标和愿景是建立团队的重要一环，是创业的原动力，甚至在一定程度上还是支撑整个创业团队的重要力量。

昊玮毕业于美国伊利诺伊大学，她与海归朋友文文和阿威一起创建了一个原创服装设计平台——"初心时尚"。他们的主要工作是，给每个用户设计属于自己的服装品牌，帮助用户在平台上自己设计衣服。

昊玮创业的初衷是想基于国人原创做些事情。在国外读书时，他们分别对飒拉和路易威登两个品牌的案例做了分析，发现国人对品牌的热衷已经远远颠覆了全球购买奢侈品收入水平的广义标准，很多人即使没钱也要追求品牌。她认为，"自我品质远比品牌衣物更重要，一个人靠品牌价值提升自我价值，自我价值也就无法凸显了"。

跟她一样，两个校友也发现了这个问题，于是三人达成共识。他们希望通过自己的努力可以改变华人的时尚观念，让大家意识到"自我""原创"远比品牌重要。

其实，他们三人都有月收入五位数的工作，但心里还有愿景，这是支撑他们继续做下去的原动力。他们将下班时间充分利用起来，几个月不休息，一边工作一边创业，打算等"初心"上线后再辞职专职创业。

一、合伙人是基于统一愿景的合作

合伙制度则是对传统雇佣制度的颠覆，如今具备股东身份的员工越来越多，从打工仔升级为合伙人，员工的话语权大大增加，扁平化管理自然就容易实施，分权治理也就成了常态，无论是老板、股东，还是高管、员工，大家都相对平等，工作效率提升，内部监督更有力，部门协作更顺畅。

虽然大多数组织里依然流行着雇佣制，但是近几年来合伙人制越来越显示出强悍的活力。2003 年阿里巴巴自创业开始就奉行合伙人制，2014 年万科职业经理人制度升级为合伙人制度……从 2015 年至今，已经有上百余家 A 股上市公司推出了员工持股计划，真格基金创始人徐小平甚至还在公开场合宣称："创业中第一重要的事，就是找合伙人。"可是，如何能慧眼识才、找到真正的合伙人？如何用愿景吸纳合伙人，并且让合伙人释放出创造能量？

为了回答这个问题，首先来分析一下人们对"愿景"的几种态度：

A 类：想要实现愿景，就要创建必要的架构、规则；

B 类：想要实现愿景，就要在"规则"内做好力所能及的工作；

C 类：看清了愿景的好处，就会主动去做分配的任务，会主动奉献；

D 类：了解了愿景，会完成分配的工作，但不会多做；

E 类：看不清愿景，但不想丢掉饭碗，对分配的工作，做得差不多就可以了；

F 类：不认同愿景，不愿做分配的工作；

G 类：没想过愿景，不认同也不反对，对工作没兴趣，混到下班万事大吉。

一般来说，大多数人都处在 C 类到 E 类之间，尤其是 C 类员工，是绝对的"好兵"。他们服从领导，愿意做上级分配的任何工作；他们相信开发愿景的人，为了这份信任会尽力做好工作，甚至做好辅助工作的事。由 C 类员工构成的公司效率一般都会很高，需要大家做的事情，只要吩咐一遍就能完成；员工积极主动，态度乐观向上。

可是，C 类和 A、B 类有个最大的差别，那就是没有 A、B 类员工的激情、兴奋感和能量；A、B 类的员工从来都不墨守成规，会对规矩本身负责，如果规矩妨碍了愿景的实现，就会想办法改变规矩。A、B 类的人聚集在一起，为了共同愿景去努力，就会产生令人敬畏的力量。慧眼识别合伙人，就是要识别 A、B、C 三类员工，通过制度把三类人联合在一起，成为公司合伙人。

得合伙人者得天下！在这之前，首先就要有科学的愿景，什么样的愿景才算是科学的？笔者认为，要把愿景根植于指导理念中，也就是我们常说的价值观。愿景要回答三个问题：是什么、为什么、怎么办？要问问自己：追求的未来图景是什么？存在是为什么？怎么做才能符合自己的使命？志向目标是抽象的，愿景是长期的，对于合伙人来说，愿景就是他们坚定的导航。

有了科学的愿景，接下来就要处理招募合伙人的事了。招募合伙人是个很自然的过程，第一个原则是"不兜售"，兜售是利用信息不对称而进行忽悠哄骗的行为，愿景不是拿来兜售的，否则即使招来了合伙人，往往也只看重短期利益，会为日后埋下隐患甚至分道扬镳；第二个原则是"要客观"，不要夸大利益，不要隐藏问题，既然是合伙人，就要有一说一，要本着客观的态度，说明自己有哪些优势劣势、资金资源、前景愿望等；第三个原则是"不说服"，为了对方加入，为了说服对方，即使举例有多大的利益、有多大的回报，都会让人觉得你在操纵他，让他感到不自由。只有让对方自由选择，才能得到好的结果。

二、共同愿景的建立

创业的道路荆棘遍地，充满未知的恐惧与无望的孤独，这就需要团队的合作与鼓舞，而合伙人就是创业道路上最佳的伴侣。选好一个合适的合伙人，既关乎创业时期的精神状态，又关乎公司未来的发展走向。

当你和你的合作伙伴开启创业之旅时，一定得对公司的目标和未来有着相同的愿景。共同建立一个很可能成功的创业公司是一件激动人心的事，但必须花点时间，尽早为公司打下一个理念基础，防止未来可能会出现的急剧衰退。下面按主题分类列出其中最重要的几点：

1. 什么是你们的目标

在选择合伙人的时候，要问这样问题：为什么要创业？要满足什么样的需求？最初的产品/服务是什么？公司的发展战略是什么？

2. 什么是公司的理念和价值观

公司的成功取决于共同的愿景，你和合伙人必须达成一个共识。想想看你们心目中的首要任务一样吗？无论是在个人层面还是在公司层面上，你们都能对什么是最重要的事达成一致吗？

3. 你们将如何达到目标

提出这样几个问题：你和合伙人想要从创业中得到什么？你要怎么衡量自己是否达成目标？如果你们的目标不同，当你们目标达成时要怎么解决问题？

第三节 统一目标，方可步调一致

合伙创业最重要的就是有共同的目标，只有明确了共同目标，创业者与合伙人才能共同克服创业之路上遇到的挫折与困难；如果没有共同目标，在遇到需要做出重大决策或者是遇到难题时，创业者与合伙人之间意见很难统一，就无法做出恰当的策略，会严重阻碍公司的发展。

合伙人一定要有共享目标的团队，而这个共享的目标又由谁来实现呢？合伙人是员工的核心，主要负责计划的制定，然后由员工去付诸实践，才能真正实现这个目标。而这个过程是漫长的、复杂的，需要付出艰辛的努力，需要非常专业的运作。

途牛网的创始人于敦德比较含蓄内向，而严海峰却是个热情奔放的人。两个人，一个像水一个像火，在创业过程中免不了发生争执。不过，他们的"吵"也是为了解决问题，遇到小问题就吵几分钟，大问题可能要吵几天，但大多数都是越争吵越接近真理，最终两个人都会在共同目标上达成默契和共识。时间长了，一个人可能一张嘴，另一个人就知道他要"吵"什么了。

为了更好地合伙发展，两个人秉持着一个原则，那就是简单直接，有什么意见和看法就直接说出来，而不是藏着掖着。虽然于敦德和严海峰在性格上完全不同，但是统一的目标让两个人一走就是几十年。

合伙创业最重要的就是共同目标，只有目标相同，创业者与合伙人才能一起克服创业路上遇到的挫折与困难；离开了共同目标，遇到需要做出重大决策或难题时，创业者与合伙人无法统一意见，就不能采取正确决策，进而就会对公司的发展造成极大的阻碍。

一、目标统一，合伙创业步调才一致

想走得快，就一个人走；想走得远，就要联合他人一起走。这句话是很多人的座右铭，在创业道路上，单打独斗不如抱团闯天下。可是，需要警惕的是大家一定要有共同的目标，否则就无法并肩远行。

目标，要随着合伙人一路同行。没有共同目标，合伙也就失去了意义。很多店铺之所以能够做大做强，就是因为最初的主要创始人被共同目标凝聚在一起。

古语有云：道不同，不相为谋。没有共同目标，人们就会过度地关注店铺在发展过程中的短期利益；不认同店铺长远的发展目标，是无法成为并肩远行的伙伴的。所以，创业发起者在选择合伙人时，一定不要选择这种没有共同目标的人。

同样，对于创业者来说，找合伙人就像是找对象，最主要的还是要合适。只有互相认可，才能共同开创事业。如果价值观、信任度等都不同，对店铺的发展愿景、商业模式等就无法理解一致，也就不能做到心往一处想、劲往一处使。选错合伙人，只会给店铺造成致命的打击。

二、如何实现共同目标

为了实现共同目标，可以从下面五方面做起：

1. 与合伙人有共同的目标

合伙创业最重要的就是有共同的目标，只有目标一致，创业者与合伙人才能一起面对和克服创业路上遇到的挫折与困难；如果没有共同的目标，遇到需要做出重大决策或难题时，创业者与合伙人之间就无法统一意见，无法制定出恰当的策略，因此就会对公司发展造成极大的阻碍。

2. 明确合伙人的职责

在合伙创业初期，创业者要跟合伙人明确彼此间的职责，使合作伙伴清晰地知道彼此的职责。职责范围要清晰明白，最好制定一个书面责任分析书，明确责任，避免日后出现纠纷，彼此推脱责任，造成反目成仇。调查显示，众多商务合作出现纠纷就是因为责任明确不详细，彼此推脱责任。

3. 投入比例、利润分配

在合伙创业中，所挣得的利润分配与创业初期投入的资金成正比，这些都要以书面形式详细说明。如果在经营过程中，创业者或合伙人再次投入资金，利润分配就要做出调整，根据在合作过程中投入资金比例分配彼此的利润。

4. 合作方的退出机制

俗话说，天下无不散之筵席。既然是合伙创业，就可能有退出的一天。何时退出、退出的具体原因、退出产生的损失由谁来承担……这些问题都要提前协调清楚，如此签订合作合同后，合作双方也不会因为日后退出创业项目而反目成仇，退出机制是合伙创业的重要组成部分。

5. 与合伙人建立商业信任

合伙创业则要彼此信任、相信对方。虽然与朋友合伙创业，自然不存在信任问题，但很多人是为了共同的目标而走在一起的，因此建立商业信任非常必要。信任是合作的基础，如果不信任对方，总是防范对方，根本无法合作，最后只能分道扬镳。

第四节　缺少企业家精神，企业运作会疲软

合伙人的发展，首先是基于企业家精神。

杰克·韦尔奇（Jack Welch）的理论是在 20 世纪 80 年代之后风靡全球的人文管理理论，他的上一任是基于科学管理，科学管理就是把人当成机器，效率最大化，1 就是 1，2 就是 2，上一个流水线和下一个流水线之间紧密接洽，没有半点浪费。

杰克·韦尔奇建立了一个 2、7、1 制度，把人分成 A、B、C 三类，对不同的人使用不同的办法。对 A 类人，要想办法留住，要激励他；对 B 类人，要培养，使其有一天能发展为 A 类；对 C 类人，要立刻让他走人。这就是杰克·韦尔奇的 2∶7∶1 管理理论。

今天，世界变了！

美国苹果公司联合创始人史蒂夫·乔布斯曾说：现在的人才，要么是杰作，要么是狗屎。"杰作"才可以变成合伙人。乔布斯非常现实，他知道在企业中真正能带来未来的人是谁。

合格的合伙人应该具有企业家精神。

过去的领导只为企业指明方向，让人追随就可以了。但是现在的领导需要真正把人们的内心价值激发出来，领导力的关键是让个体的价值发生。随着管理知识的普及，人们都会思考这样一个问题：我为什么要追随你？如果优秀的管理者到你的企业，你却无法将他的价值体现出来，即使这个人再优秀，也会慢慢地跟你及团队一起变老，被同化掉。

一、企业家精神含义

（1）究竟什么是企业家精神？不同的人给出了不同的含义。

法国经济学家让·巴蒂斯特·萨伊（Say Jean Baptiste，1767~1832）认为，企业家是指把经济资源由较低生产率水平转变为较高生产率水平的人。

剑桥学派创始人阿弗里德·马歇尔（Alfred Marshall，1842~1924）认为，企业家是以自己的创新能力、洞察力和统率力，发现和消除市场的不均衡，创造出更多的交易机会和效用，给企业的生产过程指明方向，从而促使生产要素组织化的人。

美国经济学家约瑟夫·熊彼特（Joseph Alois Schumpeter，1883~1950）认为，只有那些对企业的发展有远见卓识和捕捉能力，对发明或资源开发高瞻远瞩，对审度其经济潜力具有特殊天资并使其在投入使用后不断臻于完善的人，才是企业家。

发展经济学家认为，企业家的创新功能在企业的运行过程中扮演着十分重要的角色，企业家精神主要表现为创新精神。

长期以来，企业家的概念通常是从商业、管理及个人特征等方面进行定义。进入20世纪后，企业家概念的抽象——企业家精神的定义就已拓展到了行为学、心理学和社会学分析的领域。而在当今西方发达国家，企业家转到政府或社会组织工作非常普遍，也不断提出和实施用企业家精神来改造政府服务工作和社会管理工作。

（2）笔者认为，企业家精神的内容涉及广泛，主要可以概括为以下四个基本方面：

1）创新精神。创新是企业家的灵魂。与普通经营者比较起来，创新是企业家的主要特征。企业家的创新精神主要体现为成熟的企业家能够发现一般人所无法发现的机会，能够运用一般人所不能运用的资源，能够找到一般人所无法想到的办法。

2）冒险精神。店铺经营者要想获得成功，成为一名杰出的企业家，就要具备冒险精神。对门店和店长来说，不敢冒险才是最大的风险，主要风险表现在：店铺战略的制定与实施上、店铺生产能力的扩张与缩小上、新技术的开发与运用上、新市场的开辟与领土和生产品种的增加和淘汰上、产品价格的提高与降低上。

3）创业精神。企业家的创业精神就是指锐意进取、艰苦奋斗、敬业敬职、勤俭节约的精神。主要体现在积极进取、克服因循守旧的心理、企业家的顽强奋斗、敬业敬职的职业道德、勤俭节省的精神风貌上。

4）宽容精神。企业家的宽容精神是指企业家具有宽容心，愿意与人友好相处，愿意与他人合作的态度和精神。

二、合伙人应该具备的企业家精神

企业家精神是店铺持续发展的动力源泉，其不但能促进创业与创新精神的高涨，还可以培育积极进取的市场环境。企业家精神是推动店铺发展必不可少的动力，是店铺生命的源泉，选择合伙人的时候，也要看清对方有无企业家精神。

1. 社交决定了能否找到合适的合伙人

对创业者来说，怎么找到合适的合伙人？创始人交往的范围非常重要。这个社会是一个社交圈文化的时代，创始人社交层面交往的人眼界够不够宽？有没有接触到足够广泛的人群？……所有这些都决定了创业者能否找到丰富多彩的合伙人。

很多创业者做得非常成功。他们是怎么找到合伙人的？他们的合伙人中有的是同学、亲戚、老乡，有的根本就不认识，但是依然能够很快地聚集在一起，这就是能力和缘分，不是努力就可以得到的。

2. 创业者的眼睛里放着金光

合伙人之所以叫合伙，不是谁雇佣谁，而是大家一起入伙。既然是合伙，就要共创、共享、共担。创业是一场马拉松比赛，不是每个人都可以坚持到最后，这中途有人会掉队，有人半路就走了，这都很正常。怎么面对高管离职，怎么换高管？远大的理想和梦想是团结合伙人的重要方面。

创业者眼睛里闪烁的光芒，跟职业经理人是不同的，他们眼睛里有金光。这种金光是什么？就是梦想。他们有梦想，会为梦想而创造热情，这是创业者必须具备的品质。

3. 为创业而创业才是真正的创业

创业的目的究竟是什么，这很重要。为了融资？为了上市？为了发财？为了财务自由？为了好玩？为了出名？为了热闹？为了赶时髦？……其实都不对。创业就是为了创业，为创业而创业的创业，才是真正的创业。在创业之前先问问合伙人，是不是这样想的？如果不是这样，那他就不适合做你的合伙人。

第五节　人品有问题，其他都等于零

人品是合伙人真正的最高学历、是合伙人能力施展的基础、是当今社会稀缺而珍贵的品质标签。合伙人的人品和能力，如同左手和右手：单有能力，没有人品，人将残缺不全。

人品决定态度，态度决定行为，行为决定着最终的结果。人品意义深远，没有人愿意与人品欠佳的合伙人合作。好人品已成为现代合伙人成就人生的坚实根基！

范浩从国有企业辞职后打算找人合伙创业，因为没有创业经验，跑来问我，有没有什么忠告给他。我对他说："像找媳妇一样找合伙人，一定要慎重。"不要觉得我说的危言耸听，无数失败的合伙案例已经证明了这句话：跟人品有问题的人合伙创业，迟早是个悲剧。

在高速信息化的时代浪潮中，创业热情一浪高过一浪。而在合伙创业过程中，不仅有欢声笑语，还有悲情愁绪，甚至还有不欢而散、老死不相往来的事情发生。对于合伙创业型店铺来说，选择品质好的合伙人无疑是重中之重。在创业热情只增不减的情况下，千万不能忘了创业最重要的铁律——合伙人要人品好！

在这个大众创业、万众创新的时代，创业蔚然成风。虽然我接触过很多年轻的创业者，其中不乏成功者，但给我留下最深印象的却是创业失败的一个叫李海的人。

李海创业时正读大二，以往的创业经历让他明白，创业时找合伙人，绝不能将就，首先要过人品关。

李海的想法是依托传媒来创业，于是就将高校餐厅当作了自己创业的主要阵地。最初，李海看中的是学校餐厅墙壁，并制作了商业架构和可行性分析。然而，在与学校后勤谈判时，发现成本太高，超出了自己所能接受的范围，之后，李海又将注意力转移到学校餐厅的餐桌广告，最终与学校谈妥，每年交校方 6 万元的广告费。

可是，即使是 6 万元，李海自己依然无法承担，最后便找了两个关系好的室友合伙。他们之间非常熟悉和信任，听了他的创业计划后，两人毫不犹豫地表示加入；口头约定以入股的资金为准，各占 1/3 股份。

作为创业的发起人，李海信心十足。他觉得要想做好传媒，关键在于平台建设，而学校餐厅这一平台不仅广告效果好，还容易被同学们接受，而且留存时间长；同时，自己又有伙伴支持，前景定然不错。果然，没用多长时间，李海和合伙人就都收回了前期投资，开始进军其他高校市场。

有了成功模式，很快他们便与其他高校谈妥了合作，一切都非常顺利。这时，一个小风投相中了李海的创业项目，愿意投资 100 万元助推项目的扩展。

不料有了 100 万元，三位合伙人却在资金的用途上产生了严重分歧：李海想用这笔钱将原先的餐厅墙壁广告位买下，另一人想增设人手，而另一人想将这笔钱用在与更多外地高校的合作上。最终，三个人没有达成一致意见，李海甚至还做了一个决定：自己净身出户。遗憾的是，李海的退出并没有让项目重回正轨，致使公司风雨飘摇，最后草草收场。因为这 100 万元，让形势一片大好的项目最终昙花一现。

创业是每个人的梦想，无论业大业小，无论收获的是喜悦还是泪水，只要努力与付出了，就比空蹉跎好许多。在选择合伙人上，不管对方是朋友、同学，还是同事，一定要注重对方的人品。

个人品德范围很广，针对创业伙伴更多的是有责任心、讲诚信、风险共担、诚恳大方和工作态度端正等。也就是说，只有创业伙伴人品好、作风正，才能建立长期的信任和合作关系。能力是可以通过培训短期获得的，但一个人的人品却需要长期形成。然而对于创业型公司，首要的是生存，根本就不能通过长时间的培养来改变一个人的人品。

在创业初期，我们没有太多的资金、没有良好的社会背景、没有丰富的人脉，唯有自己的一腔热血与对事业的一份执着追求。处于事业目标时隐时现的初级阶段，想法、计划书都可能不太成熟，可能会碰到各种各样事先没有想到的问题。此时，最需要的是合伙人的人品，例如；他们彼此会理解、包容、支持、信任与鼓励合作伙伴；不会因为一点小小的困难而抱怨、指责、误解，甚至动不动就喊着要散伙。

第六节 能力互补，合作效果才最好

能力互补是指在合伙人的学历、专业和经验上应有合理的分布。现代店铺的内部管理、经营决策、业务管理、市场开拓等工作都是一些复杂的系统工程，需要多种知识和技能的横向联合。而在"知识爆炸"时代，任何一个人都不可能掌握众多的科学技术知识和生产技能，需要与不同专业和特长的人通力合作，对于合伙人来说，能力互补才是最好的。有这样一个故事：

三个皮匠一起走在路上，突然下起了大雨。最后，他们走进一间破庙。小庙里也有三个和尚，看到这三个皮匠，气就不打一处来，质问道："凭什么说'三个臭皮匠胜过诸葛亮'？凭什么说'三个和尚没水喝'？要修改辞典，把谬传千古的偏见颠倒过来！"

尽管皮匠们非常礼貌谦让，可是和尚却非要讨回公道，官司一直打到上帝那里。上帝将他们分别锁进两间神奇的房子里——房子宽大舒适，生活用品一应俱全；内有一口装满食物的大锅，每人只发一只长柄的勺子。三天后，上帝把三个和尚放出来。他们饿得要命，皮包骨头，有气无力。上帝问："大锅里有饭有菜，你们为啥不吃东西?"和尚哭丧着脸说："勺子柄太长送不到嘴里，大家都吃不着！"上帝嗟叹着，又把三个皮匠放出来。他们一个个精神焕发，红光满面，乐呵呵地说："感谢上帝，让我们尝到了世上最珍美的东西！"和尚不解地问："你们是怎样吃到食物的？"皮匠们异口同声地回答："我们是互相喂着吃的！"

合作者不仅要有个人能力，还要有各尽所能、与伙伴协调合作的能力。一个充满活力的店铺，要有精明的决策者、全面的组织者、踏实的执行者、机敏的反馈者……"八仙过海，各显其能"。专业不同、经历不同、个性不同、背景不同的人，看问题的角度是不一样的，观点也不一样，因此意见也就不一样。在创业的时候，为了获得最佳的合作效应，就要选择能力不同的人，形成高效的团队。

王光和合伙人周建的故事一度被传为美谈。两人合作 12 年，前 10 年连书面协议都没有，便建立了信任关系。王光从不过问公司财务，每到年终分红，周建都把账目精确到小数点后两位。

他们分工明确，周建担任董事长，王光担任品牌代言人。他们性格互补，周建稳重细致，王光则思想活跃，一动一静着实平衡。有了绝佳的合伙人，王光便有了更多的时间去做演员梦。王光接受采访的机会很多，周建则很少抛头露面。王光每次接受采访，定然会提到周建。信任和宽容让他们彼此成就。

父亲曾对王光说："孩子，这么好的生意自己做不就行了，为什么非要跟别人合伙？"王光听了，借机让父亲和周建见了面，之后父亲再没有说过这样的话。父亲见了周建，对王光说："这个人成熟稳重，值得合作，这样的人很难找。"

两人之所以能够合作愉快，首先要彼此信任，另外性格互补也起到了很大的作用。周建比王光大 13 岁，做事稳重、细致，而王光不喜欢受约束，思想活跃，天马行空，正好跟周建互补。两人的分工也是按照互补的性格进行，周建负责财务管理和内部管理，王光则负责市场开发、公关营销等，彼此配合得非常融洽。

王光对自己的缺点有着清醒的认识，从来都不回避。他与周建的合作，正是用别人的优点去中和他的缺点。王光曾开玩笑地对周建说，你扼杀了我很多想法啊。周建的回应是，也许是，但让你也少走了许多弯路。

互补的人，才是合伙人的最佳选择。

遇到合适的合伙人就像是遇到了真爱，两人可能是在人群中突然四目相交迸出火花，可能是通过朋友介绍走到一起，也可能是通过某个中介机构的介绍才走到一起。可以确定的是：寻找一位跟自己能力互补的合伙人与寻找合适自己的伴侣同样重要。

当然，并不是说一定要找一个和自己一模一样的人，找个翻版的自己来合作结局通常都不好。不仅要找与自己有相似之处的人，还要找那些与自己有不同之处的人，形成优势互补。因为，与人合伙的目的就是为了取长补短，形成优势互补。创业初期，如果找专长都相似的合伙人，那么合作的意义何在呢？

对于任何创业者来说，要想找到最合适的合伙人，必须先明确自己需要具有哪些专长的人。通常来说，有四种类型的合伙人可供选择：资金合伙人、技术合伙人、资源合伙人、能力合伙人。

缺少资金，就可以找个资金实力雄厚的人合作；缺乏技术，就可以找个懂技术的行家来合作。只有明确了自己的专长和所需的专长，才能找到与自己能够形成优势互补的人，才能为成功创业奠定基础。工作能力、专业技能、性格、社会资源各有长处，形成互补，才能发挥出更多的能量。

经典案例分析：腾讯合伙人

腾讯的核心创始人共有五名，他们互相之间是同学或同事的关系。在腾讯创建初期，五人分工协作：马化腾任 CEO，即首席执行官，负责统筹公司发展；张志东任 CTO，即首席技术官，是核心技术的最高负责人；曾李青任 COO，即首席运营官，负责监督管理日常经营活动；陈一丹任 CAO，即首席行政官；徐晨晔任 CIO，即信息主管，负责信息技术和系统等领域。

从 1998 年马化腾注册腾讯，到 2007 年曾李青离开，在这近十年的时间里，五位合伙人不离不弃。每当遇到重大的抉择时，他们都会一起讨论、一起面对、一起解决问题，终于把腾讯建设成了企鹅帝国。

之所以将创业五兄弟称为"难得"，是因为直到 2005 年时，这五人的创始团队还基本保持这样的合作阵形，不离不弃。直到腾讯做到如今的帝国局面，四人还在公司一线，只有 COO 曾李青挂着终身顾问的虚职而退休。

当时五个人一共凑了 50 万元，其中马化腾出了 23.75 万元，占了 47.5% 的股份；张志东出了 10 万元，占 20% 的股份；曾李青出了 6.25 万元，占 12.5% 的股份；其他两人各出 5 万元，各占 10% 的股份。工程师出身的马化腾对于合作框架的理性设计功不可没。关键因素就在于搭档之间的"合理组合"。

马化腾虽然聪明，但却很固执，他注重用户体验，愿意从普通的用户角度去看产品。张志东脑袋非常活跃，是对技术很沉迷的一个人。马化腾技术上也非常好，但是他的长处是能够把很多事情简单化，而张志东更多的是把一件事情做得完美化。

许晨晔和马化腾、张志东同为深圳大学计算机系的同学，他是一个非常随和且有主见的人，但不轻易表达建议，是有名的"好好先生"。而陈一丹是马化腾在深圳中学时的同学，后来也就读于深圳大学，他十分严谨，同时又是一个非常张扬的人，他能在不同的状态下激起大家的激情。

如果说其他几位合作者都只是"搭档级人物"的话，那么只有曾李青是腾讯五个创始人中最好玩、最开放、最具激情和感召力的一个人，与温和的马化腾、爱好技术的张志东相比，是另一种类型的人。其大开大合的性格，也比马化腾更具攻击性，更像拿主意的人。不过或许正是这一点，也导致他最早脱离了团队，单独创业。

当然，经过几次稀释，最后他们上市所持有的股份比例只有当初的1/3，但即便是这样，每个人的身价都还是达到了数十亿元。

在中国的民营企业中，能够像马化腾这样既包容又拉拢，选择性格不同、各有特长的人组成一个创业团队，并在成功开拓局面后还能依旧保持着长期默契合作是很少见的。而马化腾成功之处就在于，其从一开始就很好地设计了创业团队的责、权、利。能力越大，责任越大，权力越大，收益也就越大。

第三章 上下同欲者胜：合伙经营的用户及"用户思维"

第一节 得屌丝者得天下

1999 年 2 月 20 日大年初五，在湖畔花园小区 16 栋的三层，18 个人聚在一起开了一个动员会。屋里几乎家徒四壁，只有一个破沙发摆在一边，大家席地而坐，马云站在中间讲了整整两个小时。马云说，要做一个中国人创办的世界上最伟大的互联网公司。其他人就坐在一边，简直有点对牛弹琴的味道。

创业初期，启动资金是大家一起凑了 50 万元，马云并不是拿不出这笔钱，而是希望公司是大家的，所以 18 个人都出了钱，各自占了不同比例的股份，写在一张纸上。签名后，马云让大家回去把这张纸藏好，从此不要再看一眼。

在很长的时间里，这些人每个月拿 500 块钱的工资，有人索性住进农民房，吃的基本都是 3 块钱的盒饭。就是这些人，创造了阿里巴巴。十年后，阿里巴巴成功上市。而这 18 个人都成为亿万富翁。当然，他们不是 IPO 中唯一获利的团队，公司中有 70% 的员工都成了名副其实的富翁。阿里巴巴进入了合伙人时代。

商场如战场，马云和他的"创业团队"深谙其道。每次投资并购的商业行为就像是打响了一场战役，回顾阿里巴巴的发展历程，相关事件不胜枚举，透过现象看本质，应细看阿里巴巴究竟意在何为。

如今的阿里巴巴已经形成淘宝、天猫、聚划算、阿里巴巴国际业务等组成的七大事业群。虽然形式上多样了，但阿里巴巴的价值核心依然没有改变。坚持"客户第一"是阿里巴巴多年奉行的六大核心价值观之一，也是阿里巴巴投资并购、不断增强主营业务、完善生态圈，为客户带来更多价值体验的初衷。

一、得屌丝者得天下

马云说过："得屌丝者得天下"，当年淘宝国际打败 eBay，就是典型的例子。挖掘到"屌丝"的痛点，也许下一家互联网企业就会因此崛起。

1. "屌丝"体现了人的本性

屌丝也是人，人的欲望有许多种，如美色、金钱、小便宜、免费等，先给好处，再回本，这也是如今互联网企业所走的道路。这类企业运营的模式为：通过活动运营沉淀屌丝，努力挖掘屌丝的多种欲望，最终实现捆绑销售。

2. "屌丝"的虚荣心

每个人都有虚荣心，屌丝的虚荣心更强。当年"苹果6"出来时，多少"屌丝"都说宁可卖肾也要买"苹果6"。虽然不至于卖肾，但省吃俭用来买"苹果6"的也是大有人在，屌丝的虚荣心更需要满足。

屌丝和高富帅的比例符合二八定律，满足了 80% 的屌丝，也能抓住一个大市场和大机会。

二、拥有用户思维，方能得天下

互联网时代的真正到来，让信息产生和传播的方式发生了变化。信息不再由一小部分人制造，每个人都成了信息的原产地。因此，人类取代信息成为了核心，用户思维自然也就应运而生并成为互联网思维的核心，互联网思维的其他部分都是围绕用户思维而展开的。

"以用户为中心"的用户思维不仅体现在品牌层面，还体现在市场定位、品牌规划、产品研发、生产销售、售后服务、组织设计等各环节。简单来说就是用户要什么你就给他什么，用户什么时候需要你就什么时候提供，用户要得少你可以多给点，用户没想到的你替他考虑到了……如果把九大互联网思维当作是"独孤九剑"，那么用户思维就是"独孤九剑"的第一式，同时也是核心和根本，也是基本功。

要想运用好用户思维，最重要的是要注意市场定位和目标人群。在市场定位时，一定要认真思考产业链和价值链等问题，不能仅停留在某个环节。终端用户最有价值，选择什么样的终端用户群也就成了市场定位的核心问题。

互联网经济就是一种"长尾经济"，市场定位尤其要注意"长尾人群"的诉求。过去，"长尾人群"指的是"草根一族"，如今基本被"屌丝"一词所取代。他们是互联网上的"长尾"，虽然个人消费能力不强，但只要通过互联网聚合起来，就会产生强大的消费力和影响力。

中国有 5 亿~6 亿草根，他们收入水平不高，是"真屌丝"；就连 IT 大佬如周鸿祎、史玉柱等也自称"屌丝"。屌丝心态，是一种对存在感、成就感、参与感、归属感的渴求。在经营店铺的过程中，一定要关注"屌丝群体"喜欢什么、需要什么；要想将自己的事业做大，就必须抓住"屌丝"人群，必须了解这类人群的心态和需求。因为，挟"屌丝"者才能成就霸业。

第二节 用免费策略把用户吸引过来

如今是全民创业时代，这里说的"全民创业"，并不是从"动机"上来说，而是从"条件"上来说的。也就是说，创业的门槛越来越低，阻力越来越小。关于用户思维，首先就要用免费政策将用户吸引过来。

美国"厕所大王"在美国为市民免费提供几百个移动厕所，而后在卫生间墙壁上张贴广告，市民免费使用自然聚集非常多的眼球，使用者也理解商家的用心，很乐意接受这种形式。最终令使用者、提供者、广告客户三方皆大欢喜。

这种形式在 B2C 的市场模式下通过创新同样可以实现。

百事可乐公司与电玩制作公司合作，推出了一款电视游戏《百事超人》，作为购买饮料的附赠品或奖品，免费送给顾客。年轻人在有趣的游戏中，接收了各种百事可乐的广告信息。调查显示，这款免费游戏对百事可乐的品牌亲和力、知名度产生了很大的积极影响。

现在是一个眼球资源稀缺的时代，一旦网罗到消费者的眼球就抓住了财富，因此，对消费者实行免费或者赠送之后，再将这些关注目光出售给广告客户，这就成了各店铺的基本盈利模式。

一、免费策略及实施要点

所谓免费策略就是利用免费体验、免费获取等形式来吸引用户关注，引导消费。从线上到线下，免费策略应用的领域异常广泛，通常都能取得理想的效果。例如，奇虎360。

在奇虎360出现之前，所有杀毒软件都是收费的，当时是金山和瑞星的天下。奇虎360打破了这个行规，用免费的杀毒软件迅速占领市场。如果奇虎360也采用收费模式，只能是后起之秀，必然会受到巨头瑞星和金山的排挤，无法出头。为了有效避免这一状况，奇虎360便采用了免费策略，以达到"不战而屈人之兵"的效果。

一般免费策略有如下作用：吸引更多的用户关注、提升用户口碑信息、提升竞争力、提高市场占有率、提高付费产品销量等。例如，一些保健品公司为了吸引老年人的注意，就会先免费给老人鸡蛋、醋、洗衣液、毛巾等，进而引导老人们购买保健品。又如，淘宝就有免费试用活动，卖家之所以要免费赠送产品让用户试用，就是为了获取用户填写的使用反馈报告，这就是用客户口碑传递信息。

免费策略的实践要点有很多，在这里我们介绍两个：

1. 用免费策略吸引的流量要尽可能精准

精准流量不仅是指用户关注的领域和平台展示内容一致，更是指用户流量对于该产品领域或个人品牌有依存度。使用免费策略的目的，除为了提高流量之外，还为了将用户留住、黏住，进而引导消费。所以，在使用免费策略之前，一定要做好定位和分析，确保吸引流量尽可能精准优质。

2. 拉长战线，用免费策略给自己创造营销机会

其实，营销就是将产品信息通过重复等方式输入到用户的潜意识中。要想顺利地将产品信息输入到用户潜意识中，就要想办法"躲避"用户潜意识的固有印象，即不让用户对产品产生反感、排斥的心理。

二、应用免费策略就是要给日后的营销创造机会

1. 拉长战线，争取更多的时间

由于营销是需要时间的，不要妄想用户一关注就埋单。所以，要巧妙地利用免费策略来让精准的用户尽可能地长时间关注你，要想办法将用户变成你的粉丝，例如，定期免费发放礼品等。一些保健品公司在给中老年人讲课时，总会定期发放礼品，想要礼品，就得去听课。这就是为了通过定期的免费发放礼品的方法拉长时间以营销用户。

2. 让用户对平台的价值信息产生依赖

平台免费赠送的礼品、资料等可以称之为福利。更多的价值都存在于平台展示的内容中，如文章、视频等。虽然福利只能吸引人们的关注，但是价值信息却能更大程度地影响用户产生付费行为。因此，一定不要觉得免费赠送了礼品、资料，用户就会持久地关注你的平台；一定不要以为免费赠送了福利，用户就会相信你，就会付费购买你的产品。例如，想要吸引新生儿妈妈用户群，就要准备一些关于新生儿养育和教育的书籍、资料来作为免费福利。

第三节 用符合需求的产品留住用户

特斯拉是用苹果的思想去设计汽车。什么是苹果思想？就是极简化设计，在每个体验点上都做到极致。

为什么特斯拉诞生在硅谷而不是底特律？其实，这是两种文化的交锋。过去的汽车厂商都没有这样制造汽车，为什么特斯拉却做到这一点？因为优秀的造车人才都集中在传统汽车业。这就跟当年小米做手机一样，大家觉得小米不懂手机，但是互联网本身就是追求单点极致，而小米做到了。

做汽车和做互联网产品是一样的，特斯拉的风靡告诉我们：

1. 反复思考用户真正的需求

很多人做产品时都会为自己的一个概念而着迷，觉得要改变世界了，每次讲概念时都会手舞足蹈。但是，设计出来的产品用户到底需不需要？这个概念本身对用户来说就是核心需求是什么。

特斯拉认为，需求一共分为三个层次：高端需求、中端需求和低端需求。他们认为，汽车最开始要走高端需求，找到最喜欢车的那帮人，然后形成整个用户传播。这种认识跟我的观点如出一辙。所有产品最开始都是为小众设计，一上来就搞所有人都喜欢的车，一定会覆灭。

最开始主要是为小众高端用户打造极致口碑，这件事情在很多点上都得到了印证。猎豹浏览器为何做得很炫酷？为什么第一款选黑皮肤，之前也没有哪一个大众软件用黑皮肤的？因为它们认为，第一阶段就叫高端用户的口碑传播；第二阶段是到了中端，变成辐射传播；第三阶段才会渗透到传统行业，等开始考虑特斯拉时，它已经开始向普通大众的用户传播。所以，特斯拉最初的这个定位非常准确，就是为了做一辆媲美法拉利跑车的超酷汽车。

2. 用户体验比概念更重要

也就是说，要靠技术给用户带来体验上的优势，而不是靠概念。例如，电动是一个概念，但电动车却会给用户带来到处充电的麻烦，特斯拉首先解决的就是充电问题。

所以，做产品一定要有一个符合用户需求的定位，而不是脑海里的某一种概念。要想摸清用户的真正需求，绝对是一个非常复杂的过程。

合伙创业：制造符合用户需求的产品！

虽然互联网创业和现实中的创业有些区别，但有一点是相同的，那就是所做的事情能满足用户的哪些需求，只有满足用户需求的产品才能最终留住用户，才能实现相应的利益回报。因此，在移动互联网时代创业，首先就要明确，你现在的创业能否满足及解决用户的具体需求。

（1）按照你的创业想法用最有效的方法做出一个粗糙原型，让团队自己试试看，把自己放在非常苛刻的客户角度，看看是否会接受；同时，用快速迭代来改进设计。

（2）找出具有创新意识愿意和你一起玩的非典型客户，做一个只有简单的核心功能的原型请他们试用。想找到这种客户可以使用各种方式，例如，许诺第一批产品出来以后免费赠送给他们。但这些客户一定是非典型的极端客户，在这个过程中，要注意观察他们的行为，不仅要听他们说，还要琢磨他们为什么这么做。在这个基础上，你就可以发现很多新需求，甚至产品的独到卖点。

（3）根据上面的需求分析，再反馈回来，做新的改进，并进一步完善产品。直到确信这就是客户想要的东西，产品也可以做公众测试了，基本功能就稳定了。

（4）寻找更广泛的友好测试用户群体，通过观察和倾听了解更多的需求。这时，大部分需求都是比较细微的，若重大的需求改变，就要做出取舍，因为这时候做改进已经非常昂贵了。在提问时，要多问一些开放性的问题，例如，Why、What、Where、Which、How 等。

（5）真正把产品做稳定，安排市场推广等。

第四节　提高用户积极性和参与感

在《参与感：小米口碑营销内部手册》一书中，黎万强把参与感放到了互联网思维的第一位。该书在序言中写道："创办小米时，我的想法就是不管公司未来能做多大，我们一定要把小米办成像小餐馆一样，能让用户积极参与进来。老板呢，跟每个来吃饭的客人都是朋友。这种朋友的方式才是可以长期持续发展的方式。"在开始进行小米研发时，他们采用论坛的模式，让发烧友们参与到操作系统的研发中，然后才推出集合网友智慧的操作系统，最后推出手机。

在这个过程中，用户的参与感占据了核心地位。用户快速成长的过程就是将产品开放，让产品的研发不再是秘密，开放给所有人。让用户参与到产品的研发中，可以有效激发用户表达自己、改变和影响世界的原始欲望。同时，这种集众人智慧形成的产品，还能克服创业者对产品和市场的想当然，避免盲目开发。

其实，不仅产品研发可以采用这种手段，产品运营也可以采用这一手段。网络社区最大的特点就是网友可以在上面交换信息或者对某事展开讨论，这个过程往往就是一个参与的过程。

这个参与感还包括很多内容，例如，及时反馈用户建议，当用户看到你的产品因为他的建议而做出改变时，那种喜悦感是无以复加的，这使他极有可能成为产品的忠实购买者。

运营之路不是一条寂寞之路，是团队作战之路，让每个人都有一种参与感，而不是简单的执行者！而一个产品，从最初想法到研发再到销售之间的环节，都是与用户有关系的，因此要满足用户需求，就要为用户提供某种服务或价值。

很多决策者总喜欢站在用户的立场去思考问题，往往观点偏主观；而主张用户参与感，是指产品的每一个环节都有用户来参与，让他们为产品提供优化建议，让用户有主人翁的感觉，用户的参与感就会大大增强，并不断认同你的产品。那么，如何构建用户参与感？

1. 满足用户需求，解决用户痛点

在做一个产品之前，如果没进行过市场调查，就不了解用户需求，纯粹跟风，这种产品往往死得快。好的产品肯定有某个功能点能戳中用户痛点，进而获得用户的喜欢，并且让用户成为重复使用者。

为什么共享单车那么火？原因很简单。因为它能够满足用户需求，能够解决用户痛点。很多人觉得单车容易被偷、城市公共自行车办理麻烦、单车点少、停车麻烦等，而共享单车不怕被偷、能够在自由地点停放、车也多且操作简单，只要一个 APP，用户注册，缴纳押金，就可以使用了。因此，共享单车的出现受到了用户的喜欢，并且数量迅速发展壮大起来。

2. 让用户参与产品研发

小米 MIUI 在研发之初，设计了"橙色星期五"的互联网开发模式，通过论坛和用户进行互动来邀请部分用户一起参与研发。小米 MIUI 做到除了工程代码编写部分之外，还将产品需求、测试和发布都开放给用户参与。

用户参与进来之后，小米迅速建立起了 10 万人的互联网开发团队。整个团队的核心，就是当时小米官网的 100 多个开发工程师，1000 个专业水准极高的内测成员，还有超过 10 万个发烧友，以及千万级别的稳定的用户。可见，提高用户参与度对于产品发展有多么大的影响力。

3. 用户获得满足感

唱吧、美颜相机、Vue、激萌等为什么那么火？因为他们都让用户参与进来：用户通过唱吧录制歌曲、用美颜相机拍出美照、用 Vue 剪辑合并素材形成一段小视频、用激萌拍出各种可爱或者搞笑的照片，并且分享给好友，从而获得身边好友的认同。

虽然他们唱歌、拍照、录视频都不是很专业，但由于是用户自己唱出来的、拍出来的、剪辑出来的，特别是当获得朋友点赞时用户内心能够获得极大的满足感。通过让用户获得满足感后，逐渐形成一种用户对于产品的认同感。

4. 合理的激励机制

用户都不傻，不会无缘无故地去使用你的产品，不会主动给你提意见和参加活动，为了激发用户都来参与，可以通过设置合理的用户激励机制；同时要放低门槛，让更多用户参与进来。例如，可以使用活动盒子进行运营管理，可以设置日常的签到送积分活动，可以开展送优惠券活动等。

通过提高用户参与感，满足用户心理需求，让用户参与进来、让用户有主人翁的感觉、让用户对你的产品有认同感是非常重要的。

第五节　用户体验至上

什么是用户体验？有人说用户体验就是用户使用产品的心理感受，之后对产品的印象、评价。其实，通过用户体验产品可以促使企业如何与外界发生联系并发挥作用，也就是人们如何接触和使用产品。

为什么用户体验如此重要呢？用户体验就是生活。生活中处处涉及你的体验，闹钟、卫生间、公交、打卡机、红绿灯、手机、电脑、键盘、鼠标……每天我们都在和产品打交道，每天都在使用和体验产品。

给用户一种积极、高效的体验，他们就会持续使用你的产品，每次都按照正确的方式执行。产品可以满足用户某方面的需求并带来盈利，可以帮助人们提高生活质量，提高工作效率，改善人际关系等。

在北京南方庄 1 号院安富大厦 906 号，有家"三个爸爸家庭智能环境科技（北京）有限公司"。一进入公司迎面是三个真人大小、笑意盈盈的"爸爸"雕塑，影壁展板上则是"极客""技术宅"等卡通字体，用户看到这种情景瞬间就勾勒出企业的轮廓——儿童产品、技术路线、网络平台，最关键的还有"爸爸的爱"。

这是一家由三位爸爸做起来的新企业，主要生产儿童空气净化器。2014年，他们在三个月内筹资 1000 万美元风险投资、30 天内在京东众筹筹到 1100 万元，他们的故事火遍创业圈。

"三个爸爸"儿童空气净化器曾经创造了京东众筹历史上第一个突破千万级的产品奇迹。据说，"三个爸爸"空气净化器目前每个月销量在 2000 台左右。上市不到半年能取得这样的成绩，不仅是创业圈的传说，更是空气净化器行业的骄傲。

"三个爸爸"的创业经验，可以用"五个度"来总结：

（1）聚焦度。你的品牌、你的产品到底是为哪类人群服务的。目标客户越精准，就越知道服务对象是谁、去哪里找他们、他们喜欢什么和不喜欢什么。如果品牌不聚焦，创业是很难成功的。

（2）温度。要有一定的格调与情怀。品牌有温度，不但能感动消费者，还能感染你自己，感染团队。

（3）尖叫度。找到用户痛点、市场盲点，就是找到刚需。主要体现在对产品质量与功能的要求上。

（4）分享度。产品与营销，一定要有分享元素。例如"三个爸爸"品牌，就是适应移动互联网的特点，引发人们对这个奇特品牌名称背后故事的关注。

（5）参与度。一个品牌从研发、生产、试用，要利用移动互联网平台，积累粉丝团、传播团。

这是一个体验为王的时代，消费者的话语权越来越强。今天每个人都可以发布信息，每个人的声音即使弱小，也总能被别人听到。如果你的产品做得好，用不了多长时间，就会口口相传；如果你的产品做得烂，很快就会怨声载道。

在互联网时代，产品是否能够成功，用户体验越来越变成一个关键因素。用户买了你的产品，并不是交易的终点。恰恰相反，当用户拿起你的产品使用时，用户体验之旅才真正开始，而用户的体验之旅是否愉快将直接影响到你的口碑，影响到你的销售。

1. 用户体验的核心是用户需求

很多产品经理是技术人员出身，因为他们懂技术，所以能更好地挑选技术方案。然而很多技术人员在做产品中犯的一个共同错误，就是太想把自己喜欢的技术展现给用户，把炫酷的技术概念介绍给用户，反而忽略从用户角度出发。如今，苹果都成了街机，电脑已成了标配，体验就显得更加重要。

2. 超出用户预期，给用户带来惊喜

什么叫体验？超出用户预期的才叫体验。你做的产品跟别人的一样，不叫体验，很多人在抄袭别人的产品时，经常说某公司做了什么功能的产品，老板说照着做一个，但是有没有想过，如果和别人做的一样是没有体验机会的，如果用户用完后，仅仅达到了预期的效果，就不会形成真正的体验。

美国拉斯维加斯有一家酒店，当顾客退房结账准备离开时，酒店会为顾客提供两瓶饮用水。一般退房的客人驾车准备去机场，中间要走40分钟荒漠，天气很热，顾客中途会口渴。结果这家酒店的回头率特别高。其实，这两瓶水根本不值多少钱，但是超出了顾客心理的预期，从而让顾客感动。

3. 好的用户体验让用户有所感知

产品体验贯穿在用户使用产品的全过程，做得好就成为产品制胜的关键。店铺战略绝不能站在云端，一定要具体到你的产品如何解决用户问题，如何让用户使用起来感到愉悦，这是非常重要的产品观。

举个例子，360做了一个小功能，虽然有人不喜欢，但是绝大多数用户感觉很好。在通常情况下，要么没有问题，要么有病毒、有木马。中国用户从小受应试教育影响，虽然痛恨应试，但都渴望得高分，所以就设定了一个体检分数。很多人看到体检分数很生气，怎么才得60分、70分？我要优化！一旦优化，就可以自动扫描解决很多问题。

4. 从细节开始，贯穿于每个环节

所谓的创新就是从用户出发，从用户体验的细节出发，从细微之处出发，对用户体验做出持续的改进。

如一家五星级酒店，上网居然不免费；飞机头等舱很贵，但餐饮却令人难以下咽。更可笑的是，这样的店铺天天讲顾客第一、用心服务。如果不改善这样的细节，谁还愿意去住这样的酒店、坐这样的航班？一个细节做不好，就把下大力气花大成本在电视、报刊上投放的品牌广告给毁掉了。

经典案例分析：飞牛网合伙人

飞牛网合伙人是指有固定场所且有意向成为飞牛网体验馆的推广人员；或利用自己的社交网，向身边亲朋好友推荐飞牛网的推广人员。后台将统计根据邀请码注册并购物的顾客消费数据，体验馆及合伙人将获取相应的收益。飞牛网合伙人计划覆盖各类合伙人，包括体验馆、校园合伙人、社区合伙人、内部员工合伙人等一系列实现方式。

2014年飞牛网推出了千乡万馆计划的合伙人（A计划）与分销商（B计划），具体来说，飞牛网的合伙人（A计划）通过分享合伙人的邀请码进行拉新用户，合伙人分为一级、二级，合伙人在飞牛网购物后的同时上一级合伙人即可获得相应收益。

另一合伙人分销商（B计划）则进行供应链输出。该种模式具体来说是具备一定资质的分销商通过平台审核后，飞牛网作为商品的供应商，通过B2B的方式向该分销商提供货物，但不包括大润发或飞牛网的品牌输出。

对于合伙人计划来说，他们是想让飞牛网成为供应商的角色，渠道建设转移至分销商，这样的方式更适合零售业不发达的乡镇地带。

第四章　众人同心，其"力"断金：员工也是企业合伙人

第一节　找到靠谱的员工最关键

眼下，"靠谱"这个词正被越来越多的公司提及，甚至还可以在网络广告中看到。某大型国企在招募员工的时候，甚至还特别提示要"靠谱员工"。从字面上来看，"靠谱"就是"可靠、值得信赖"的意思。虽然是一句俗语，但也证明这是公司寻找员工的基本底线。

员工与合伙人是两种完全不同的身份，对店铺的感情也不同——员工完成自己的工作，获得工作报酬，与店铺之间只是单纯的雇佣关系；合伙人享受店铺的效益分红，承担着店铺的经营风险，与店铺是一种从属关系。将员工变为合伙人，就是将员工的工作心态由"给别人打工"转变为"给自己打工"。

阿里巴巴通过员工持股计划将员工转变为店铺合伙人，每个员工都是阿里巴巴的股东，所以在阿里巴巴上市之后，员工获得的利益也水涨船高，很

多员工因此升级为百万富翁，甚至千万富翁。如果员工不持有股份，就无法从阿里巴巴市价的上涨中得到收益。

随着商业环境的变化和管理条件的升级，类似阿里巴巴员工持股计划的员工激励方式也在越来越多的店铺中流行起来。除了以阿里巴巴为代表的互联网企业之外，很多传统行业也开始不断尝试各种类型的合伙人机制，将员工升级为店铺合伙人，从而促进店铺发展。

陕西有家餐饮公司成立于 20 世纪 90 年代，经过二十多年的发展，已经成为以餐饮为龙头的企业。2013 年下半年，餐饮行业受影响较为严重，为了坚定员工的信心，提高员工的积极性，公司在试点分店推进"股权改革"。

该公司的股权改革方案具体做法如下：

第一，公司内部成立专项员工基金。该专项基金持有试点门店一定比例的股份，员工从基金会认购"股份"，当员工退出时，只是从基金里退出，不考虑溢价，从而保障公司利益。

第二，根据门店投资测算员工持股比例。公司核算整个门店投入资金，当然只算实际投入资金，然后由公司高层决定拿出多少比例给员工持股。

第三，选定持股人员。并不是所有人都能持有公司股权，它是员工个人在公司做出贡献后得到回报的一种体现，是一种权力，所以要规定哪些人可以持有公司股份。

第四，规定入股金额。该公司要求员工"持股"必须缴纳资金，例如，经理及以上人员需缴纳 10 万~20 万元，普通员工 5 万~10 万元（在上下限之间自愿选择金额）。出于人性化考虑，所有符合条件持股人员都可以先缴纳 70% 的股金，剩下 30% 的股金从个人薪资中逐月扣除，年度分红则按员工缴纳总金额计算。

第五，分红方案。分红利润率：$A = $ 年度实际利润 ÷ 资金总额；个人所得分红金额＝个人缴纳入股金额×A；分红额度：由公司按照当年的利润率（即A）将红利提出；基金会根据个人参与缴纳的金额分发红利，一年一清；三年期满后本期基金分红结束清零，所有成员退出，依据公司经营情况，退还员工本金。

第六，退出机制。原则上，所有持股人员三年内不允许退出。如因过错被辞退、自动离职、个人主动辞职者，仅退还个人所缴纳本金，不享受红利。

一、找个靠谱的员工很重要

无论和员工共事还是交朋友，都要是诚实的，都要一是一二是二。

1. 聪明的人只能聊天

很多人彼此交往，时间长了，才发现很聊得来。其实，这只是一种心理满足感，而靠谱才能给双方带来安全感。

2. 忠诚大于能力

从全社会来看，聪明的人通常能力都不错，但不一定靠谱，也就是人品不一定有保证。靠谱的人不一定是聪明人，但一定是在自己力所能及之处有能力、诚实守信的人。靠谱的人，喜欢与靠谱的人相处交往，对店铺更加忠诚，这种忠诚远大于能力。

3. 跟靠谱的人交往

靠谱的人给你介绍的朋友，通常都是人品好、办事牢靠的人。而不靠谱的人给你介绍的朋友或同事，也不一定都是不靠谱的，但需要你有慧眼，否则就只能碰运气。筛选掉最不靠谱的人，最后在你身边会凝聚一团正气，这团正气可以使彼此化险为夷，使你坦坦荡荡地走下去，没有猜疑，只有智慧的叠加，才会产生 1+1>2 的最好结局。

二、员工变为合伙人需要具备的条件

海尔集团从 1984 年创业至今，经过了名牌战略发展阶段、多元化战略发展阶段、国际化战略发展阶段、全球化品牌战略发展阶段四个发展阶段，2012 年 12 月海尔集团宣布进入第五个发展阶段：网络化战略阶段。

2013 年，海尔提倡进行企业平台化、员工创客化、用户个性化的"三化"改革。企业平台化就是总部不再是管控机构，而是一个平台化的资源配置与专业服务组织，并且提出管理无边界、去中心化，后端要实现模块化、专业化，前端强调个性化、创客化。

1. 人人都是自己的 CEO

贯穿海尔的发展历程，管理创新的重点始终关注"人"的价值实现，让员工在为用户创造价值的同时实现自身价值，每个人都成为自己的 CEO。在海尔平台创业的小微真正握有"三权"，即决策权、用人权和分配权。企业将这些权利完全让渡给小微，使小微可以灵活根据市场变化迅速做出决策，更好地满足用户个性化需求。小微的自演进也是自创业、自组织、自驱动，并且按单聚散的过程。

2. 人人能在海尔平台创业

海尔已从传统制造家电产品的企业转型为面向全社会孵化创客的平台，所有创业者都可以成为海尔生态圈的一员，从而形成一个共同创造、共同增值、共同盈利的共创共赢生态圈。

海尔员工和小微的驱动力来自用户付薪，也就是能为用户创造多大的价值，就能收获多大的增值分享，不再是传统企业的岗位薪酬。另外，小微也受来自社会化资本的驱动，通过资本社会化不断倒逼小微完善商业模式，全流程驱动小微升级。相应地，海尔文化也从"执行力文化"转型为"创业文化"。

3. 员工从雇佣者变成创业者

海尔把传统的"选育用留"式人力资源管理颠覆为"动态合伙人"制度，给员工提供的不再是一个工作岗位，而是一个创业机会，员工从被动的执行者，变为主动的创业者，甚至是企业的合伙人，通过互联互通全球资源为用户共创价值，实现用户、企业和利益各方的互利共赢。

4. 海尔事业合伙人

海尔"事业合伙人"制度又叫内部创业，或者叫作内部创客。创客是先把企业做小。所以海尔就是努力把大企业做小，把整个公司的经营单元拆分成更小的业务单元，变成一个个独立核算、自负盈亏的业务单元，然后让下面的人承担相应的责任，做得越多报酬越多。简言之，就是自己负责产品的研发、设计、生产、销售等过程，在公司的平台上进行销售，最终你为公司创造多少利润，你就能分到多少钱。

海尔针对内部创客有着初步成形的薪酬激励，做了"创客"的员工，其薪酬主要会经历四个阶段的变化：

（1）第一阶段，员工一般只有四五千元薪酬。

（2）第二阶段，当项目进入拐点，即产品开始有了客户预约，并且达到最初签约时的拐点目标和额度时，除了基本薪酬之外，还会有超过既定目标部分的利润分成。

（3）第三阶段，在小微公司达到"引爆点"，即公司"有一定江湖地位"后，创业者可以跟投一部分，例如出资10万元占公司股份的20%，创业者的收入除了基本酬、分成酬之外，还有分红。

（4）第四阶段，小微公司已经形成小的产业生态圈，在商业模式相对成熟时，除了集团的天使基金可以跟投之外，还可以引入外部投资人，帮助企业做大上市。

各小微公司通过前期准备，在商业模式已有雏形后，就可以通过递交商业计划书、路演等形式，获取海尔集团的投资启动资金。审核通过后，各平台主还承担着为小微公司对接外部资源和人才，提供人力资源、财务服务等职能。

每个小微公司有各自的创新方向，但组合起来符合海尔的整体策略。海尔要做的是把一个大企业变成无数小企业，小企业又不断创新变成大企业，以此获得更大的发展。

第二节　让员工变粉丝

粉丝文化让员工成为产品品牌的粉丝。

首先，每一位小米员工入职时，都可以领到一台工程机，要当作日常主机使用；其次，让员工的朋友也成为用户，每位小米员工每月可以申领几个F码，送给亲朋好友，让他们也使用起来；最后，要和用户做朋友。

对于使用自己的产品，很多传统店铺是兔子不吃窝边草。而在小米，他们甚至开玩笑说"让丈母娘也要用好自己的产品"。

小米内部不仅要求让员工成为粉丝，甚至还尝试让粉丝成为员工。小米新媒体运营团队，很多都是从粉丝中招聘来的。

不少用户在现场体验过小米之家的服务后，会选择申请来小米工作。他们说小米的服务和别人不同，像对待朋友一样，用心而且氛围轻松。小米之家杭州站的店长原本是一名资深米粉，论坛 ID 是著名的"白板啸西风"，后来加入小米，并做到了店长的职位。

没有员工粉丝的店铺都将死去！原因只有一个，就是无论是店铺的产品也好，还是 MBA 课堂分析的战略也罢，商业模式再好，统统都可以被复制，只有人才是店铺不可被复制的唯一资产。长期来看，任何行业的消费者只记得住第一名，第二名都会死，因而没有最优秀人才的店铺是不会成为第一名的，所以需要员工粉丝。

一般员工想的是如何交差，粉丝想的是如何将工作做得更好；一般员工想的是如何从店铺拿得更多，粉丝想的是如何为店铺创造更多。一般员工被 KPI 驱动，粉丝员工被内心驱动。那么，如何才能将员工变成粉丝呢？

1. 尊重员工

人与人生来平等，不是因为双方社会地位、财富等因素的不同而不同，如果员工能感知到你对他的尊重，他会反过来对你报以更多的支持。

2. 以身作则

不能觉得自己是规则制定者，就可以践踏规则，而是要为员工树立榜样，鼓励大家一起来遵守规则。

3. 乐于分享

最基本的是分享工作经验，更好的是在员工需要的时候分享一些处理事情的方式。好工作只是获得好生活的手段，员工生活好，才能更好工作，有了好工作才会有更好的生活，两者互相促进、相互协调。

第三节　加强培养让员工跟企业共进步

在这个强调知识创造财富的知识经济时代，无论是店铺，还是普通员工，对于自身发展的渴求越来越强，新兴的"以人为本"的管理理论更强调店铺与员工的共同成长，不进则退迫使着人们不得不主动追求进步发展的问题。

华为公司作为企业中的领先者，是在人力资源培训及开发方面投入热情最大、资金最多的公司。

华为公司非常重视员工培训的考核和评估，新员工在进入华为公司前要进行系统培训，培训后要进行严格的任职资格考试，只有通过考试合格的员工才会被录用。而且员工的培训结果与晋升、薪酬相挂钩，纳入人力资源管理组织考评体系里。

华为公司在进行员工培训时，会进行课堂教学、案例教学、上机操作等多种形式的培训方式。并且会对每一位员工进行编号，每级别都会有学员负责人。同时，员工在培训的过程中会有自己的工号，同时也就拥有了自己的入职培训档案。

华为公司的员工在不同的阶段都会接受不同的员工培训，员工无时无刻都会进行系统化和个性化等多方面的培训。而且员工在培训内容、考评结果、负责人评语和培训时的状态都会存入公司的档案室，方便在员工培训结束后公司的主管查看其培训成绩。

华为公司非常重视员工培训。公司的董事长任正非对于员工上岗培训说：

"我要保证一线人永远充满精神与活力。"岗中培训，绝不局限于华为的岗前培训，它是指对任职员工在一段时间内进行自身提升的培训，华为公司内部形成了一套完整的针对个人成长性的计划。

员工和店铺就像是婚姻中的夫妻，组建家庭后，两个人要共同成长才能和谐共处，如果一个在不断进步，另一个却原地踏步，矛盾分歧就无法避免。店铺在发展过程中，如果相应的意识和机制没有成长起来，不断进步的优秀员工就会觉得池子小了，极有可能跳槽；而那些不思进取的员工可能会留下来，跟店铺一起"龟速"前进，或者被市场淘汰。

从一定意义上来说，加强对员工的培训，有计划、有目的、持续地对员工不断地进行充电，是保证员工与店铺共同成长的基础。因为，当店铺肯花费时间、精力、物力等去培养优秀人才时，对店铺的发展有着极大的好处。不论公司发展规模多大，其发展都要由人才推动，人才越多越优秀，店铺越能获得长久的发展。

当店铺集聚大量人才时，也就拥有了最宝贵的财富，可以战胜任何困难。IBM总裁沃森曾说："就算你烧掉我的厂房，只要留下我的人，我就可以重建IBM。"这就是人才的力量，有了这股力量，任何困难都可以被克服。

这些就是店铺对员工进行培养能够带来的最直接好处，其实对店铺的帮助远不止这些。店铺一定不要吝啬对员工的培养，不能提供太多的学习机会，就要从小方面做起。

要想做好员工培训，就要从以下五方面入手：

1. 将培训与经营战略有效结合

培训活动应该辅助店铺实现其经营战略，不仅着眼于当前所需知识和技术的传授，更要着眼于店铺未来的发展。培训方式只有具有战略性，才能更好地将培训活动与店铺的发展结合起来，使培训真正符合店铺需要。培训工作要制定人才培训规划，将培训纳入店铺的人才资源开发战略中，服务于店铺的整体发展。同时，要分层、分类、有针对性地实施培训，调整人才队伍结构和知识层次，为店铺可持续发展储备人才。

2. 重视人才培养，加大培训投资

知识经济时代，决定店铺命运的深层次竞争来自于人才竞争。从某种意义上来说，谁拥有了高素质的人才，谁就占领了市场竞争的制高点。店铺领导要想办法提高手下管理者的认识，让他们看到培训的重要作用，例如，可以提高员工素质，提高士气，增加员工知识技能，为员工提供良好的发展机会，减小员工流动率，降低再招聘成本。

3. 建立和完善培训环境

目前，国内外著名的大型企业每年都能保持高速增长，这与它们有完善的培训环境是分不开的。这些企业的宗旨是以人为本，提高员工素质的思路，从而建立一套完善的培训机制。

4. 建立科学的培训效果评估体系

任何店铺对员工的培训都不是毫无目的的，要建立科学的培训评估方法和评估体系，对员工培训的各个层面进行合理的评估，及时有效地对员工培训效果进行检测，促进店铺培训的改进、完善和提高。同时，将激励与约束相结合，进而建立起培训动力机制。

5. 加强对接受培训的员工的管理

店铺与员工的成长发展互相作用、互相促进，只有使员工个人目标与店铺目标高度一致，两者才能和谐发展。一方面是店铺要实现自己的目标，另一方面是员工要满足自己在物质及精神方面的需求，因此，店铺与员工要建立一种互相忠诚的模式，店铺要尊重员工，在实现组织目标的同时尽量满足员工的个人需求。

第四节　适时引入一些空降兵

曾经看到过这样一个故事：日本很多渔民每天都要出海捕鳗鱼，可是由于船舱小，等回到岸边时，鳗鱼基本上都死得差不多了。因此，死鱼就卖不上好价钱了。可是，有一位老渔民每次都能捕到活蹦乱跳的鳗鱼，还能卖出好价格，很快就成了当地的富翁。

其他渔民都不理解，船舱和捕鱼的工具都一样，凭什么他的鳗鱼就不会死？老渔民临死前将秘密透露给他儿子：他在装鳗鱼的船舱里放了一些鲇鱼。鳗鱼和鲇鱼天生好斗，为了对抗鲇鱼，鳗鱼就会拼命反抗，它们的生存本能就会被充分地调动起来，所以大多数鳗鱼都能存活下来，这就是著名的"鲇鱼效应"。

这个故事告诉我们，只有充分调动团队成员的内在动力，才能避免下属"当一天和尚撞一天钟"的状态，才能有效激发下属的斗志，从而避免成为"休克鱼"。那么，作为团队管理者，如何才能有效地激发团队的活力呢？答案是必须避免团队成员成为"温水里的青蛙"。

很多店铺管理者总说下属没有激情，下属"老态龙钟"，团队处于"亚健康"状态等。其实，如果管理者忽略了对下属的管理与激励，团队成员就很容易成为"温水里的青蛙"：悠哉地过着日子，得过且过，感觉不到外在威胁。

"流水不腐，户枢不蠹"，任何一个团队，要想保持活力，都要避免下属成为"温水里的青蛙"。在"一潭死水"下，他们就会慢慢失去斗志，失去工作的驱动力，团队也会慢慢失去战斗力。因此，作为店铺管理者，必须在团队"疲软"之前，适时引入一些"狼"，让"休眠"的员工"醒来"。例如，可以引入"狼性"新员工，让一部分人不至于"沉迷""陶醉"太深。同时，为团队注入新鲜血液，团队就能保持持久的活力。

2014年3月，柳传志出席某仪式时表示："一个公司里如果没有外边的空降兵进来，那就好像近亲繁殖一样，确实有很多新的东西你不了解，也不一定能打开局面，因此有空降兵是必需的。"曾经的联想一直以自己"带队伍"、自我培养人才为自豪，如今，却越发重视聘用空降兵了。可见，"空降兵"已经成为店铺人力资源中不可缺少的一部分。空降兵有三点优势：

第一，直接引进"空降兵"，可以节省对人才前期培养的时间、费用等成本，可以直接"拿来就用"。

第二，在不同行业甚至店铺的人才，其各方面能力、思路都有所不同，空降兵的加入也就为店铺输入了新鲜血液，有可能对店铺做出客观的判断，带来更好的创新思维与机制。

第三，空降兵与店铺老员工没有人情关系，人与人之间不必拘泥于人情这层关系处理问题，反而使部门整顿、机制的调整更容易展开。

对于中国店铺来讲，"空降兵"招聘与店铺内部人员的培养同样重要，不能刻意区分其亲疏远近。内部培养与外部招聘是互补关系，而不是竞争关系，只有二者恰当结合才能提高店铺竞争力，实现可持续发展。

如果店铺希望空降兵落地生根发芽，应做到以下几点：

1. 降低对空降兵的期望值

很多店铺在引入空降兵后抱有太大甚至是不切实际的期望，例如期望三个月之内就能扭转公司的业绩、改变公司一些不良习惯。这些措施往往导致失败。当空降兵刚进入店铺时，对公司的文化不清楚，人员也不熟悉，有的同事对其还带有敌意，如果一上来就"三把火"做业绩，那么失败的概率就会非常高。

2. 给空降兵一个适应的周期

成功案例告诉我们：空降兵进入新环境，应先以熟悉环境为主，而不要急于做业绩。可以先在副职、助理的位置做一段时间，然后再进入角色。

3. 充分信任空降兵

很多空降兵之所以失败，是因为公司员工引入者产生了怀疑。这里并非是空降兵不好，也并非是管理者前期看走了眼，而往往是希望太大造成了失望，也或许是管理者本人的风格影响所致。

当然，在实施过程中，要完善绩效考核机制，以免引起矛盾，发生纠纷。同时，要安抚老员工，为"空降兵"的创新之路提供帮助；只有良好的管理机制和运行平台，才能使空降兵充分发挥能力，为店铺带来预期的效益。

第五节　建立一支人才储备梯队

完善的员工梯队是促进店铺健康快速发展的重要基础。构建人才梯队，有利于促进员工积极主动地学习、促进良性竞争；构建人才梯队，有利于店铺改革措施的推进和持续稳定的发展；同样，构建人才梯队，有利于形成人才磁场，加强员工归属感。店铺发展离不开员工梯队的建设！

A公司是一家运营了8年的制造企业，公司掌握着行业的技术优势，产品的盈利能力、市场前景都很好，企业每年以倍增的速度发展。但是，面对成绩公司老总却很是苦恼，为何？

原因是随着企业的不断发展，对管理人员与专业技术人员需求不断加大，首先，原有的管理队伍无论从质量上还是数量上，都已不能满足企业管理需要；其次，公司打算开拓新的业务领域，企业有能力有意向投资运行，但无适岗人员可以胜任运作新业务板块；最后，人员的调整成为企业发展的瓶颈，老员工在企业发展中作用突出，或居功自傲、不思进取，或故步自封、碌碌无为，得过且过，混日子。

为了促进企业发展，公司想导入一些新的管理思想与管理方式，并斥资引进管理咨询公司，重塑企业流程，重建绩效管理体系。可是，在企业运行落实的过程中，却遭到原有部分管理人员的反对。原有管理层认为，这种操作模式不仅会增加其工作量，还会危及其在公司的地位，改革无疾而终。

据了解，持反对意见的都是关键人物或者重要岗位的管理人员，由于其岗位具有不可替代性，且公司惮于其离职给公司带来的管理障碍，所以其在公司的话话权极强，经常反对公司的改革。历次改革也大部分因此而流产。

公司也希望通过招聘新员工来解决此难题，有一年公司着力招聘，但是新聘人员的入职成功率却极低，企业比较排斥新人。而现实中，由于没有完善的人力资源管理体系，新员工导入困难；在新员工入职后，找不到职业生涯发展方向，陷入比较盲目状态，即使偶尔有留下的，也会迅速被原有人马给同化，无法实现企业整体文化的转型。

企业因此近一年的发展停滞不前。而市场的法则是不进则退，为此，该公司老总食不甘、寝不寐。

任何企业都有一个从开拓到发展，到成熟至衰败的过程。其实，这个企业所遭遇到的问题，正是大多数店铺从发展至成熟的过程中必须面对的、不可回避的问题。那么，此问题的症结何在？究其原因，还在于店铺的人员梯队建设不到位。

那么，何谓员工梯队建设？员工梯队，顾名思义，是指公司内部岗位的人才供给上无断层：首先，要保证每个岗位都有适岗的人才供给；其次，在此基础上，对于重要的岗位，如因各种原因出现空缺时，应保证有两名以上的合适人选接替这个岗位。

如果店铺希望建立一支合格的人才梯队，在需要人才时，永远有合适的人选，就必须明确店铺现阶段及未来所需人才种类，合理地从社会和店铺内部引进、培养和储备人才，并定期进行评估管理，调整、安排好人才职务，发挥人才最大潜力。其关键措施如下：

1. 重视人才梯队建设

人才是店铺最为关键的资源，也是竞争优势持续的源泉。店铺必须大力贯彻"人才是第一资源"的观念，切实加强人才储备，抓好人才梯队建设。由于店铺的发展和员工的成长是一个动态的过程，这就决定了人才梯队建设非一日之功，也不可能一劳永逸，店铺应不断深化认识，将人才梯队建设作为一项长期的系统工程，持续创新性地推动这项工作。

2. 抓好后备人才选拔

后备人才的选拔首先要明确该梯队选人的标杆，其次在此基础上建立一套规范有效的选拔程序和办法，使具有潜质的优秀人才得以胜出，从而提供机会和资源并助其快速成长。而选拔标杆的确定，不仅要体现店铺的长期目标，明确战略发展所需人才数量与结构，还要依据岗位特征设立量化指标体系，以便评估与操作。

3. 采取有效方式培养人才

根据店铺后备人才培养目标和个人特点，为其制定具有针对性的培养方案，培养方式包括培训课程、轮岗计划、继续教育等，店铺人力资源部门负责培养计划的制定、实施、跟踪和反馈。

（1）培训课程。店铺培训部门应负责实施各项培训计划，积极创造条件，提供形式多样、内容实用的培训课程。

（2）轮岗计划。复合型人才的培养侧重于为其提供宽口径的轮岗计划，使其全面了解店铺生产经营状况，培养沟通协调能力和适应能力，从而具备多个岗位的工作经验，为职位晋升奠定良好的基础。

（3）继续教育。店铺要为后备人才提供继续教育的机会，选派具有较高发展潜力的后备人才参加继续教育，系统提升个人的知识水平和业务素质。

4. 建立科学合理的绩效考核机制

在梯队建设过程中，建立科学合理的绩效考核机制可以更好地选拔理想人才，提高人才梯队整体水平。

首先，要建立健全绩效评价标准和考核体系。通过构建不同通道、不同类别、不同层次优秀人才的标杆模型，定义绩效评价标准，形成完善的评价指标体系。

其次，建立和实施过程评估与定期考核相结合的考核评价机制。

5. 加强人才梯队建设的信息化管理

信息化管理是提升人才梯队建设工作的有力手段。人力资源管理者需要全面、准确地掌握相应梯队人才的个人信息，这些信息不仅包括年龄、学历、职称、工作经历等基本信息，更包括员工的培训情况、绩效考核结果、获奖情况以及职业素质评价等人力资源管理方面的信息。精准的信息管理是保障人才梯队建设有序进行的必要前提。店铺要积极利用现有 ERP 系统，积极推进各级人才库信息管理系统的建设。

经典案例分析：百丝合伙人

从导购到合伙人的成功蜕变，让我们看到天道酬勤的真实奖赏。让百丝有才之士有车有房，生活无忧，是百丝（国际）服饰集团总裁周国兴先生的使命，而合伙人机制则为每位百丝有才之士提供了良好的渠道。

2014 年，百丝启动合伙人机制，让百丝有才之士成为"合伙人"，根据业绩参与分享企业经营成果。其中，成为合伙人后的个人收入计算方法由原来的"基本底薪+提成"形式调整为与经营利润挂钩的形式。成为合伙人之后，其关注的视角也从单一的"销售额"继而关注公司的"成本控制"以及"盈利能力"。那么，如何才能成为百丝合伙人呢？

1. 连续三个月成为销售冠军，可以成为店铺合伙人

2012 年 8 月 28 日邓集新成为了百丝的一员。起初邓集新不敢告诉父母自己换了工作，只说工作包住宿，就搬进了单位宿舍。因为她知道父母肯定不同意她换工作，毕竟销售工作比较辛苦。但她一直相信所谓的"苦"只为酿就"甜"的到来做准备，正如在黑暗中寻找光明，刺眼才是对的方向，BCVOGA 在邓集新眼里，就是对的方向。

刚开始上班，邓集新什么都不懂，在店长的培养下，快速地适应了工作流程。业绩能力越来越好，于是在 2012 年 9 月 27 日，邓集新被调去新开店铺龙江店做导购，面对新的店铺，新的团队，她一开始很拘束。作为店里唯一的女性导购，邓集新清楚自己的定位，包揽了店里所有的细活，然而收获

也是最多的。对整个店铺的基本情况和管理都有了更深刻的了解。基于邓集新的优秀表现，领导决定提升邓集新为副店长。随着时间的流逝，团队间的配合越来越默契，一个眼神或一个小小的动作就能够知道对方要表达的意思。正是在如此高凝聚力的团队中，邓集新在 2014 年 7～9 月中销售业绩突出，连续三个月成为销售冠军。在众多的销售高手中脱颖而出已实属不易，连续三次的销售冠军，更是让公司领导看到了这位小姑娘身上蕴含着的强大能量。于是，百丝国际服饰集团总裁周国兴先生（以下简称周先生）决定让邓集新成为 BC 五号停机坪店铺的合伙人，并宣布：接下来百丝的终端家人只要连续三个月成为全国销售冠军，就能成为百丝合伙人，周先生希望带着大家一起创造财富。消息公布后，整个终端的家人瞬间沸腾，邓集新就是第一个登上跳板的挑战者。

邓集新在接管了五号停机坪后，开始全盘了解店铺情况，查看过往销售业绩。起初真的没有信心能够把店铺业绩做好，但是她告诉自己，千万别轻易放弃，因为有了第一次放弃，人生就会习惯于知难而退，可是如果克服过去，人生则会习惯于迎风破浪的前进，要么不做，要做就要做得最好，坚持、用心，肯定可以让店铺逆袭。她调整好自己的心态后开始做规划：第一步是货品规划，或许因为业绩不佳的原因，货品码数不齐。邓集新开始四处调货，看着仓库的货慢慢多了，但她却从不担心卖不出去，因为她知道只要有货，就不怕业绩上不去；第二步是团队的组建，仅靠个人的力量，肯定是不够的，需要团队合作，邓集新按照自己的要求组建了团队，从货品了解到沟通能力再到服装搭配的培训，让她的团队成为了综合能力很强的销售队伍。这两步的调整让第一个月的业绩翻了一倍；同时也让邓集新更开心，事实证明她的方向是对的。在接下来的工作中，她专注于团队建设、VIP 维护、橱窗陈列，同时把自己的眼光也放得更长远。

2014年10月至今，她实现了从副店长到合伙人，从店员到经营者身份的华丽转身。回想起以前，作为导购甚至是副店长的她一遇到问题，立马就求助店长/主管。现如今，从货品到团队，从销售到管理邓集新都可以独当一面。她激动地细数自己的改变，惊叹要不是这次访谈，她也不知道自己有如此大的变化。谈及未来，邓集新充满信心：她的规划是成为BCVOGA的加盟商。

百丝的合伙人制改变了邓集新的生活圈，拓宽了她的人脉，提高了生活品位。回想着自己进百丝的日日月月，就像乘坐观光电梯，随着时间的推移，慢慢升高，看到的景色越来越远，正如对梦想的追逐，不曾停歇。

在百丝，邓集新因为周先生给予的机会和平台，挖掘了她身上潜在的能力，让她遇见越来越好的自己；此外，更多的是得益于百丝销售副总监李储金先生、主管姚创龙先生、黄凤娇女士以及黄孝极先生的耐心教导，正是因为背后有着这股强大的动力，推动着邓集新奋勇向前，从不畏惧。

邓集新身份的转变让她明白工作没有做好，不是能力经验问题，而是立场问题；团队要的不是人多，而是心齐；业绩好不好，不是尽不尽力，而是看有没有主人翁责任感！因为你用心时，你的同事能感觉到；你全力以赴时，你的上司能感觉到；你用老板的心态去做事时，你一定会成为老板的同行者！邓集新的成功也正有力地证明了这一点。

2. 不盈利的店铺，向公司申请挑战，可以成为店铺合伙人

BAISI深圳龙岗店是一个非常好的案例。2014年，深圳龙岗店由于业绩不理想即将被撤掉，但该公司卢燕红却用实际行动把握住了这个机会，在公司推行店铺合伙人的良好政策下，她接下了面临撤场的深圳龙岗店。在卢燕红的努力下，每月的店铺业绩从原来平均8万元/月增长到现在平均45万元/月，个人年收入达50万元。

3. 原盈利的店铺，个人投资 6 万~8 万元，保障在原有业绩基础上增长 30% 以上，可以成为合伙人

百丝是一个开放的平台，可以让更多百丝的有才之士施展其才华。BAISI 中山古镇大信店覃海琼就是其中一位。在得知公司合伙人的政策之后，且个人仅投资几万元即可成为公司的合伙人，覃海琼马上就投身到合伙人的潮流中，不到半年时间，店铺业绩比原来增长了 50% 以上。

4. 投资转联营，成为合伙人

她从事服装销售行业超过 15 年，可自从遇上 BCVOGA 的那一刻，她未曾想到自己竟然会拥有一间属于自己的店铺，她就是 BCVOGA 中山大信远洋店的合伙人——宁秋华。

机会总是留给有准备的人，宁秋华抓住了公司合伙人的政策机会，仅投资 25 万元就拥有了一间价值至少过百万元的店铺，她用自己的胆识和实际行动告诉大家，这是一个明智的选择，刚接手半个月的时间，业绩就远超以往的月平均业绩。

5. 挑战零底薪合伙机制，成为项目合伙人

百丝公司的平台到底有多开放？只要任何一个百丝人敢想、敢提、敢创，一切皆有可能！自合伙人机制实施以来，公司开放了多个事业体，其中不得不提的一个突出案例就是：原企划中心总监蔡太瑜先生，主动向公司提出挑战零底薪的合伙模式，承揽了公司店铺装修项目。成为合伙人后的蔡先生不但履行了合伙时的"为公司降低至少 10% 的装修成本"的承诺，个人收入也得到了更大的提高，此举无疑使公司实现了双赢局面。

合伙人机制促使各合伙人站在企业长远发展的角度来考虑问题，真正做到了从关注"销售额"转向关注公司的"成本控制"以及"盈利能力"。举

例来说，以前员工对店铺的经营成本意识不强，但在转变为合伙店后，店铺运营成本最高下降了20%。店铺合伙人机制在一个可行可控的范围内给店铺合伙人更大的自由空间，提升店铺的管理能力和经营活力，让每一个店铺成为自主经营管理中心，实现绩效最大化。

自该公司于2014年实施店铺合伙人机制至今，陆续解决了一系列经营管理方面的瓶颈，成本得到了很好的控制，利润倍增，顾客服务素质大幅上升，业绩同期对比增幅30%以上。我们也相信，店铺合伙人机制将会在百丝发展得越来越好。

能成为企业的合伙人是很多人的梦想。可是，真正能够实现这一梦想的人却很少。那么，普通员工如何才能成为合伙人呢？从邓集新身上我们发现，能够成为合伙人的员工具有以下特点：

（1）忠心耿耿。忠心耿耿的人，是店铺中最长久的战士、最有发展前景的员工。

（2）敬业爱岗。很多公司考察员工的首先就是敬业，其次才是专业水平。

（3）自动自发。不要事事等人交代，自动自发的人永远受老板欢迎。

（4）承担责任。勇于承担责任的人，对店铺有着重要的意义。

（5）注重效率。高效的工作习惯是每个渴望成功的人所必备的，也是每个单位都非常看重的。

（6）结果导向。只有苦干、巧干、出成绩的员工才会受到众人的肯定。

（7）善于沟通。即使很平庸，也可以边干边学，最终实现自己的价值。

（8）善于合作。不管个人能力多强，只要善于合作，公司决定会让其留下继续工作。

（9）积极进取。停就意味着放弃，意味着出局，一定要积极进取！

（10）为人低调。才高不必自傲，在同事面前不要炫耀自己。

第五章　五人成虎，十人是龙：
合伙机制的确立

第一节　合伙机制四大原则

一、自主化

Wooga 是德国的一家游戏开发商，成立于 2009 年，其愿景是"到 2020 年所有人都成为游戏玩家"，该公司员工有 250 多人，办公地点在柏林。

Wooga 是一个由许多小型独立团队组成的集合体，每个团队都要负责制作和运行一款游戏，并在跨职能和自治环境下自主制定决策。他们可以自由分享心得，无须互相较劲，这意味着他们能够在一个大型框架中像小型独立创业团队一样高效执行工作。他们可以自己决定听从还是忽略外部建议——即使这些建议来自公司创始人。

员工规模壮大是公司经营成功的一个副产品，在成长过程中，面临的最大挑战就是不要丧失自己所建立的店铺文化。在早期阶段，公司中每个人都紧密合作，也不需要因为等待审批结果而拖延进度。通常来说，随着公司的发展壮大，管理层的增加，这种工作方式就会发生变化，并且趋于低效率。我们该如何守住这种文化？答案就是：自主化，一切以独立团队为中心。

Wooga 是如何做到自主化的？其自主化合作主要建立在以下三种基础上。

1. 彼此信任

合伙创业是一种资源整合，信任是最大的力量。谁干得多了、谁干得少了，谁出钱多了、谁又出钱少了，大家在互相猜忌中去干一番事业，无论如何都是做不好的。选择合伙人，需要互相了解、志同道合的人。在创业路上，不可或缺的就是那种人与人之间互相信任的合作精神。

2. 独立又协作

团队是 Wooga 组织的核心，70%的员工是游戏团队成员，公司还有部门主管，例如，有两名负责不同领域的工程主管，以及其他监管各自部门工作的主管。其他员工则负责提供营销、客服支持和本土化（20%）或者 HR、PR、金融、商业分析等中心服务，以及维护游戏的简单服务。

每个游戏团队都有一名产品主管负责为团队制定最终决策，确保团队总能快速制定决策，公司高管也不会成为干预其决策的瓶颈。这就是核心管理层对团队的授权。从团队希望制作哪种游戏，到团队打算如何自我管理，都由游戏产品主管来决定。

由于团队具有跨职能特点，因此大家就有了广泛可用的一系列技能，紧密合作的成员也由此组建了优秀的团队。Wooga 的理念并不是让一人独自决定一切，而是让每个团队成员都负起推动游戏前进的责任。

3. 知识共享

即使这些团队是独立动作，并且会互相比较 KPI，之间也不会互相竞争。

他们之间会经常交换知识和经验，这也正是他们影响独立团队创新的方式。

二、合作化

吴显勇是个喜欢折腾的人，早在学生时代，他就产生了强烈的创业梦想。在梦想的激励下，他开过小饭店，创办过协会，进过学生会……丰富的经验都为他成功创业奠定了坚实的基础。

在本科生涯即将结束时，吴显勇本想考个 GRE（美国研究生入学考试）后出国深造，可是由于忘了参加数学考试，错过了机会，最后到北京大学汇丰商学院深造。在这里，他认识了投哪网的另一个合伙人李志刚。

李志刚也是一个有着创业梦想的人，在中国人民大学本科毕业时，正好赶上了互联网时代的创业浪潮；再加上他还收听了张朝阳、丁磊等的激情演讲，从此李志刚有了创业的信念，但资金有限。

两人都经历过打工、创业的失败，多次起起落落，两人接触后，宛如找到了知音，于是在2012年正式合作，成立了投哪网。

虽然两人满怀激情，但由于缺少做小额贷款的经验，只能跟着红岭创投、中安信业等学习做小额信用贷，结果出现过很多次的坏账：有的人借 10 万元，最后只还 5 万元；有些人甚至还直接骗贷等。经过认真思考后认为，纯信用贷模式行不通。在经历过多次挫折后，他们意识到必须请专业人士来做。于是，大胆引进各方面人才，组建了一支风控队伍，逐渐形成了成熟的团队。

创业的日子是艰苦的，新店铺要想赢得客户的信任简直比登天还难。开始的时候，为了赢得客户，两个人每天都趴在 QQ、邮件或电话上。他们每天工作 16 小时，无休息日，醒来就工作，经常工作到深夜。靠着两人的努力，投哪网的发展慢慢步入正轨。

投哪网的成功得益于两位创始人的合作努力。可见，在确立合伙机制时，一定要确认合作伙伴是否具有合作化的特征。合作化的特征如下：

1. 要最专业

合伙人各管一块，可以提高决策的速度。放心把业务交给合伙人，就能做出实实在在的成绩来。

2. 要最合适

这里主要指的是创业心态，对所做的事要非常喜欢，有共同的愿景，如此才能有极强的驱动力。

3. 志同道合

不论是英雄所见略同，还是"臭味相投"，但一定要谈得来。也许有人会问：找个跟自己互补的不是更好？非也！创业伙伴最需要具备的特质就是"一致"，思想一致，步调一致，如此才能增强凝聚力，提高初创店铺的爆发力。

4. 人数不宜多

人数方面，最好是两个，三个就有点多了，四五个在后面很容易出现问题。"一个和尚挑水喝，两个和尚抬水喝，三个和尚没水喝"的故事告诉我们，两人合伙最合适。

三、市场化

近年来，使用合伙人制的店铺越来越多，尤其是一些民营企业应用更加广泛。

为了提高店铺经营团队的控制力，进而适应市场的需求，万科投资设立了深圳盈安财务顾问有限公司。这里，深圳盈安财务顾问有限公司是普通合伙人，上海万丰资产管理公司和华能信托有限公司是有限合伙人，三家企业同属万科控制。

在得到万科的投资后，深圳盈安财务顾问有限公司（有限合伙）——盈安合伙创立，在证券交易市场不断地收购万科股票，目前已经跃升为万科的第二大股东。

万科的这种事业合伙人制包含有期权成分，他们按照《授权委托与承诺书》规定：将个人在集体经济利润账户中的所有收益，委托给盈安合伙进行投资，财产进行统一封闭管理，不能直接支付给个人，当年所获收益需延迟三年才能发放。

合伙机制必须要以市场为导向！单纯依靠资金的充足，或者觉得前景不错，并不能取得创业或发展的成功。因为这里还有一个最重要的条件——核心团队。

对于店铺来说，核心团队就像是灵魂对于人体一般重要。资料显示：在创业的前五年，90%的店铺会倒闭；五年之后，在剩下的10%的店铺中会有90%退出市场。也就是说，在创业的前10年，只有不到1%的创业者会幸存下来。历史和现实都告诉我们：核心团队决定着店铺的成败。

"创业成功最重要的因素是什么？首先最重要的是团队，其次才是产品。有好的团队才有可能做出好的产品。"小米四年创造600亿元，让人真真切切地认识到：团队第一，产品第二！

四、明确化

合伙机制的确立，需要明确化的管理！

2011年，李涛与一位教授合作成立了一家科技型企业，专门研发一种新型材料。合作之初，他们口头约定，李涛主要负责出资，教授负责技术方面的事情。最后，李涛以800万元的注册资金拿到了合伙企业80%的股权。

虽然企业成立了，但自两人合作以来一直存在隔阂。一方面，李涛觉得自己是公司最大的投资人，有资格管理公司，在公司财务、人事调遣等方面设置了很多限制；另一方面，教授对自己仅持有 20% 的股权表示不满，因为他认为虽然李涛出资较多，但对企业的贡献却没有自己大，自己的付出与收获不成正比。

如果当时技术研发没有中断，在研发成功后，李涛会拥有该项技术 80% 的收益。可令人遗憾的是，由于股权分配问题和谁才是真正的领导人之争，李涛和教授的矛盾开始公开化。最后，教授带着核心团队离开了企业。作为主要投资人的李涛，投出去的钱几乎都打了水漂，创业彻底失败。

看似小小的管理纠纷，其实是创业合伙人之间的最主要矛盾！一旦处理不当，就可能像李涛那样，导致全盘失败。

企业管理究竟谁说了算？这个问题，在刚成立不久，还没有形成公司管理架构的小企业尤为突出。所以，刚开始创业的合伙人一定要注意这个问题，千万不要等到公司步入正轨后才发现公司没有核心领导人，最好是在合伙之前就把这个问题明朗化。

合伙创业，只有制定明确的管理原则，有明确的决策者，有一个真正能说了算的合伙人，店铺才能维持稳定和长久发展。如何保证店铺内部管理既有决策者，又兼顾民主，是一门很深的学问，需要经营者在实践过程中不断地摸索，从而找到最适合店铺的规则。

第二节　合伙人机制三大模式

一、公司制的合伙人

公司制合伙人又称为股权控制型，主要是通过向核心人才分享股权实现长期激励。从股权类型上来分，又可以细分为分享公司股权和分享项目股权。

项目公司管理层和项目管理人员是项目的直接经营者，采用这种跟投制度，都成了公司老板，项目成了自己的事业。由于项目跟投制度把项目直接经营者与公司利益紧密地捆绑在一起，使大家成为事业共同体，风险、收益共担，极大地激发了组织效率与活力。

2014 年 5 月 28 日，万科正式推出事业合伙人、项目跟投机制，1320 位员工自愿成为公司首批事业合伙人。

万科项目跟投采用"核心员工强制跟投，全员项目跟投"的模式，要求项目所在一线公司管理层和项目管理人员必须跟投，其他员工选投；在累计经营净现金回流后分批次进行分红。在项目清算时退出，中途不能转售、不能退出。

项目跟投制度是一个半开放的机制，首先，对管理层跟投进行风险控制，使其利益与公司利益捆绑，风险收益共担。其次，可以让其他员工选投，给其他员工提供参与的机会，使认同事业的员工都参与进来，打造事业共同体。这也是一种内部创业的变化，员工都成了项目老板，能够跟公司一同成长，共担风险，共享利益。

爱尔眼科采用的也是"合伙人"制度，其以公司下属子公司作为合伙企业的普通合伙人，负责合伙企业的投资运作和日常管理。核心人才是有限合伙人出资到合伙企业，享有合伙协议及章程规定的权利，履行相应的义务。

按照这一模式，二三线城市建立连锁医疗机构时主要采取的是复制成功样本的模式：以内部成功案例为模板，增设新网点，不仅可以节约资源，还能够快速实现盈利；同时，以较低的成本吸引大量优秀人才。然而对于骨干人才来说，医院的合伙人其实就是医院的所有者，其利益与医院的利益是一致的，能在更大程度上激发骨干人才的活力。

通常情况下，这种合伙制度要具备以下两个特点：

（1）员工参与度高，强调员工的参与感和管理层对店铺的控制权。万科的事业合伙人有1320名，项目跟投的参与度更高。员工的身份从原来的打工者变成了合伙人。项目跟投，可以激励职业经理人分享收益、分担风险，同时激励核心一线人才参与项目跟投，激励大家共同把店铺做好。

（2）开放的机制风险共担，激励骨干员工。爱尔眼科在新医院达到一定盈利水平后，公司按照相关证券法律、法规，通过发行股份、支付现金或两者相结合等方式，以公允价格收购合伙人持有的医院股权。只要店铺获得超额收益，合伙人也能得到较高的回报。

二、泛合伙人模式

所谓泛合伙人模式是指公司除了在所谓的股权激励之外又加入了合伙人的定义，或者增加一些类似于合伙人制的激励。例如，阿里巴巴推出的湖畔合伙人共27人，分别为公司的创始人、与公司一起成长的管理人员以及外部引进的专业管理人才。

阿里巴巴合伙人最大的权利是拥有提名简单多数（50%以上）董事会成员候选人的专有权，不管在任何时间，任何原因，当董事会成员人数少于阿里巴巴合伙人所提名的简单多数时，阿里巴巴合伙人就有权指定不足的董事会成员，以保证董事会成员中简单多数是由合伙人提名。

阿里巴巴的合伙人不同于股东，其持有公司股份，在其退出时不再拥有合伙人身份但可以保留公司股份。同时，阿里巴巴的合伙人也不同于法律意义上的合伙人，不需要承担无限连带责任。这只是一种公司治理结构，是创始团队掌控公司的一种方式。

在这种结构下，阿里巴巴的合伙人机制要解决的问题是什么呢？控制。

众所周知，阿里巴巴在美国上市公司的董事会由九人构成，在每届的董事会选举中，合伙人有权利选举其中的五席。也就是说，阿里巴巴通过合伙人能够选出多数董事，并借此控制董事会，进而控制这家上市公司。

由此可见，在阿里巴巴的合伙人架构中，激励并不是主要目的，精神层面的利益更大于物质层面的利益，这就是阿里巴巴所谓的合伙人机制，也是阿里巴巴合伙人制的终极目的。

（1）这是一种公司治理机制，便于创始人团队掌控公司。阿里巴巴的合伙人通过董事提名权控制了公司半数以上的董事，间接得到公司的控制权，而不是拥有公司的直接管理权。其主旨是通过制度安排，掌握公司控制权，保证核心创始人和管理层的权益并传承他们所代表的企业文化。

（2）这是一种半开放的机制，合伙人可以进入和退出。阿里巴巴的合伙人并没有人数限制，在满足一定条件下，超过75%的合伙人投票同意其即可加入。对当前公司及未来发展有贡献的人吸纳到合伙人团队中，可以让公司理念得到传承。同样，现有的合伙人在一定条件下会退出合伙人关系，通过新陈代谢，使得现有的合伙人产生压力，对公司不断地做出贡献，保证整个合伙人团队的开放性和相对稳定性。

（3）拥有奖金分配权。阿里巴巴合伙人的奖金分配是在税前以管理费用形式处理，不同于股东的分红从税后利润予以分配。

现代互联网公司的发展需要资本的支持。但是大量资本的引进，必然会减少创始管理团队的股权，削弱公司的控制权。这种合伙人模式可以作为团队管理手段，在一定程度上使公司从"资合"走向"人合"，把公司发展需要的物质资本与人力资本有效地结合起来；同时，公司的走向不再只取决于资本，实现创始团队对公司的控制权，保障公司文化的传承，从而减少及避免资本追逐短期利益的行为。

这种企业合伙人制度是一种公司治理机制，而不是法律意义上的合伙人制度。

第三节　创业的组织形式与平台

一、合伙创业的组织形式

1. 组建股份制合作企业

有限责任公司的股东最高限额为 50 人，在共同创业者较多、无法组建有限责任公司的情况下，共同创业者可以自愿入股组建股份制合作企业。股份制合作企业的组织形式、股东的责任类似于股份有限公司，共同创业者都可以成为企业的股东。

股份制合作企业是以合作制为基础，由企业员工共同出资入股，吸收一定比例的社会资产投资组建，实行自主经营、自负盈亏、共同出资、民主管理、按劳分配与按股分红相结合的一种集体经济组织。

股份制合作企业股东众多，容易产生分歧，因此规范各股东之间的股份分配、利益分配、管理权力分配、公司决策程序、股东权利义务等问题更加重要。共同创业者签订详尽的合作协议，可以在最大程度上降低法律风险。

2. 组建合伙企业

合伙企业是指按照《中华人民共和国合伙企业法》在中国境内设立，由各合伙人订立合伙企业协议，共同出资、合伙经营、共享收益、共担风险，并对合伙企业债务承担无限连带责任的营利性组织。

根据《合伙企业法》的规定，合伙企业有三种形式：普通合伙企业、特殊的普通合伙企业、有限合伙企业。

（1）普通合伙企业。由普通合伙人组成，合伙人对合伙企业债务承担无限连带责任。

（2）特殊的普通合伙企业。以专业知识和专门技能为客户提供有偿服务的专业服务机构，可以设立为特殊的普通合伙企业。这类企业，一个合伙人或者数个合伙人在执业活动中造成故意或重大过失导致合伙企业债务的，要承担无限责任或者无限连带责任，其他合伙人以其在合伙企业中的财产份额承担责任。

（3）有限合伙企业。由普通合伙人和有限合伙人组成，普通合伙人对合伙企业债务承担无限连带责任，有限合伙人以其认缴的出资额为限对合伙企业债务承担责任。

合伙企业没有最低注册资金的限制，允许以劳务出资，有利于方便注册；有限合伙企业形式，还可以吸引有资金但不想承担无限责任的投资者，对缺乏资金、有专业特长的创业者来说，是不错的选择。但合伙企业合伙对外债务承担无限责任，法律风险较大。

二、合伙创业的平台

随着产业互联网时代来临，BAT、美团、滴滴、优步、咕咚……各路电商大军虎视眈眈，竞相角逐，纷纷构建自己的互联网商业平台；面临互联网产业的冲击挤压，海尔、格力、乐视、万达、步步高等传统企业也积极求新思变，寻求以"互联网+"的模式实现转型升级。

互联网公司和平台铺天盖地，可是真正意义上的成功者却很少。一些规模小的互联网平台开发出来后，因关注度低、产品无人问津，从此淹没在众多信息中，早早夭折；一些互联网平台资金雄厚，通过大量"烧钱"模式推广，虽然博取了不少眼球，也积累了一定的品牌知名度，从表面上看起来很风光，实则营运效果欠佳，融资压力巨大，只是在咬牙苦苦支撑，背后的困窘和压力只有自己知道。

这些互联网公司和平台为什么不能成功？一个简单的原因，就是没有与客户建立一种基于信用和情感的强链接关系，没有固定稳定的用户群体，没有打通产、销环节。在"用户为王"的时代，各路商家对用户资源的争夺十分激烈，因此用户选择的空间很大。

苹果、华为之所以能取得成功，就是因为用户使用产品，产生了真切的体验，建立了一种较强的信用联结和情感依赖。当然，在新的互联网时代，为了保持这种优势，还要主动树立新思维，加快转型升级，进一步巩固自己的用户群体。

平台+合伙人（企业、个人）的时代，创业除了要靠人脉、靠资源之外，还要选对平台。选择平台，要看其理念模式是否科学合理、有没有发展潜力；更为重要的是，要看有没有个人发展的机会。否则，平台再好也是别人的。

经典案例分析：万科地产合伙人

广州万科公司位于南沙区的一个项目，是万科集团的第一个跟投项目，认购率达 7 倍，是迄今为止认购倍数最高的项目。该项目开盘首期即推出356 套房，15 天之内就卖了 326 套，去化率近 92%。

作为房地产开发企业，为了成功实施"事业合伙人机制"，万科委托第三方属于合伙人性质的企业，代表万科的事业合伙人进行股票管理。

在万科除了骨干员工要求持股之外，普通员工一般都依据"自愿"的原则进行项目跟投。项目跟投的具体做法是：项目操作团队必须跟投自己的项目，其余则是自愿跟投。员工初始跟投份额不能超过项目资金峰值的5%。这种跟投制度不仅解决了项目投资问题，还有效解决了举报问题。过去员工对于损害公司利益的行为视而不见，在进行跟投后，与员工利益密切相关，员工愿意举报损害自己利益的行为。

此外，万科集团还建立了合伙人持股计划，有两百多人成为万科集团合伙人，共同持有万科股票，共同掌握公司的命运。通过这种方法，不仅可以让优秀的人源源不断地加入万科，实现新陈代谢；同时，万科持股人还愿意把位置让给更有能力的人去实现更高的价值，继而保证团队是最优秀、最有战斗力的。

事业合伙人几乎将万科过去的公司文化全部颠覆。对于万科来说，保持一种"失控"式的机敏和开放，是推动"事业合伙人"重大改革的全部理由。

除此之外，万科沿着事业合伙人的思想，提出了"事业合伙人2.0版本或者3.0版本"，例如，未来能否将项目跟投扩大化，将产业链上下游也变成合作伙伴，建立新型房地产生态系统。房地产是个资金密集型行业，在买地时资金方面引入合伙人制度，还可以大大减少成本，也就相当于将产业链的利益相关者也发展为事业合伙人，从一家公司出发，进行内部创新，最终重构一个生态体系。

第六章 一致可克敌，纷争易征服：
合伙机制的推动步骤

第一节 确定控股权

一、合伙创业平分股份最容易散伙

从法律上来讲平摊股份是绝对可以的，但角色上很难保证每个合伙人对预期利益的合理把握，由于每个合伙人的心胸不同、思维观念不同、性格不同、承受力不同，因此会造成观点和承受力的分歧，所以必须将眼光放远。否则，一旦创业项目壮大，就很容易在权利和责任上发生严重的不平衡。

一个企业只能有一种声音，多出一种就会对决策者造成干扰。股份的不平衡，会造成心理权利的不平衡，这是不可以的，因为无法保证每个股东的利益，特别是自然人与自然人之间更难。如果是法人与法人之间，或者自然人与法人之间，平分股份可能会存在一定的可行性。因为集体利益和个人利益可以通过法律来明确，而自然人之间却不能通过法律和章程来约束，人情大于章程。

赔钱没什么，就怕挣钱以后，自然人与自然人之间在潜意识里开始防备，如此就会造成信任的分裂，等企业发展起来后，个人之间会论功。在很多合伙企业里，劳动力永远是强势，资本永远是弱势，由此自然就会产生矛盾，这是企业最忌讳的内部干扰，直接影响企业的气势。

攘外必先安内，是管理的生存之道。任何人都是为了实现利益而投资的，人的欲望会膨胀，从利益到名誉到地位，换句话说，从投资创业到盈利，再到壮大得到社会认可，都会计较。客观的社会责任，对于创业期的人来说，稍微遥远一些，因为只有先生存下来才有资格考虑社会责任，否则无从谈起。很多人不一定开始就会到达如此高的境界，人都是凡人，只要是凡人都会有私欲，而股份平摊必然会带来约束的缺乏。

二、慎重考虑控股问题

创始人要想牢牢地把握公司的控制权，最理想的方式就是把握公司的控股权，因为股权是对公司的终极控制权利，公司最大的责任就是基础股权由股东决定，如公司章程修改、董事任命、融资以及公司分立合并或清算等。

所谓控股是指某股东持有该公司一定数量的股份，对公司进行控制。控股分为两种：绝对控股和相对控股。绝对控股是指某股东的股份比例超过了50%，公司的重大决策他说了算。相对控股是指股东的股份比例低于50%，但在众多的股东中，他所占的股份比例最大，同时他还掌握着决策的话语权。不过前提条件是，在其他股东没有联合起来的情况下。所以，为了保险起见，公司创始人最好控制公司51%以上的股份，否则除非自己想卖掉这家公司。

例如，在携程融资中，一共融资了三次。第一次融资，IDG 投资 50 万美元，占了携程20%的股份。第二次融资，软银等五家公司投资 450 万美元，所占股份不到 30%（可能是 29%）；在这种情况下，携程团队还可以控股。然而，第三次融资，凯雷向携程投资了 800 万美元，获得携程 30% 的股份。这时携程团队就无法绝对控股了。

其实，携程的创业团队并不是不知道资本掌握着话语权，自己不能控股了，随时都有"下课"的可能。但这也是他们无奈的选择，因为这时公司离盈利还遥遥无期。与其为了控股而死掉，倒不如放弃控股而赚钱。这里还有一则娃哈哈差点被达能收购的案例：

1996 年，香港百富勤拉来战略合作者达能，与娃哈哈洽谈投资合作。经双方同意，百富勤与达能以现金 51% 的股份在新加坡组建"金加投资公司"，娃哈哈以现有厂房、设备、商标等资产出资占"金加投资公司"51% 的股份。

几年后，百富勤受亚洲金融风暴的影响，将股权出售给达能，"金加投资公司"变成了达能独家控股公司。当时，娃哈哈急需资金发展壮大，因为没有合资经验，很多事项在没有慎重考虑的情况下就签署了协议。几年后，娃哈哈感到吃亏，开始不爽了，于是背着达能在外建立非合资公司数十家，使用的商标都是娃哈哈，当时达能虽然知道这种情况，但公司领导也没采取任何措施。后来这些合资公司开始赚钱，总资产达到 56 亿元、年利润达 10 亿元，此时达能心生不满，认为自己才是娃哈哈的老大，故打算以 40 亿元来收购娃哈哈的非合资公司，若不同意就告娃哈哈非法使用商标权。为了得到这个牌子的控制权，娃哈哈董事长宗庆后只好跟达能打了很多年的官司。

尽管宗庆后后来取得了胜利，将娃哈哈这一品牌从法国人手中抢了回来，但是，宗庆后在这场官司中付出的代价也非常大，赢了官司，输了声誉。

这个案例再一次说明，对于创业者来说，一定要认真考虑控股问题。

第二节　确定分红总量

当合伙人在一开始艰苦奋斗时，通常都能一起面对各种困难，但一旦事业有了成就，在利益分配时却容易闹出矛盾，最终只能散伙，让人感到惋惜。因此，想要真正合伙来做出一番大成绩，首先就要有明确的分红标准，做事的时候有据可依，就会减少矛盾的发生。

创业失败的原因有很多，资金的原因、商业模式的原因、人员构成的原因……这些都会在一定程度上直接影响公司的成败，但最容易导致创业项目失败的原因却是创始人之前出现的分红分歧。

几年前，翟坤跟几个合伙人一起集资注册了一家广告公司。他们在大学读的专业是广告设计，几个人简单做了分工，公司就开始运作了。开始时，他们只能接一些小业务，虽然赚不了什么钱，但也能勉强维持，大家也都乐在其中，因为毕竟做的都是自己喜欢做的事情。后来在大家的共同努力下，公司慢慢发展起来，几个创始人也越来越忙。

不久，他们承接了一个大项目，为一家大型企业做全年的广告代理。这个项目，让公司净赚一千多万元，几个创始人喜笑颜开，都想着要怎么用这笔钱：有人想用这笔钱把公司迁到高档写字楼；有人想用这笔钱扩大公司规模，让公司正规化；有人说，既然已经赚到了钱，大家也努力了，应该分一下，让大家改善一下生活……为了利润分配的问题，大家闹得很不愉快。虽然根据少数服从多数的原则，这笔钱被按股份进行了分配，但也因为心里的隔阂而导致公司分裂。

从这个案例中不难发现：创业团队成员可以一起打拼吃苦，却不能一起共享成果。合伙人看到公司有了起色，却不能正确地掌握分红的原则，以至于团队成员之间的隔阂越来越大，公司也会越来越难发展。

古话说：朋友好做，合伙生意难做。合伙做生意因为分红纠纷而散伙的数不胜数，因此要遵从古话"先小人后君子"的原则。开始合伙创业之前，一定要订好分红协议，在分红过程中严格按照协议进行，万不可意气用事。

在合伙生意里，资金、客户资源、市场渠道、经营管理能力、人脉资源、社会关系网络、技术能力、货源等，都是合伙筹备公司的基础资源和前提，也是分红的依据。

合伙生意里的每个合伙人都有某些方面的资源，在生意的谋划期，认真评估每种合伙资源的价值是很重要的，要依据价值来确定股份，给出该资源对应的分红比例。这样，每种价值都能得到体现，消除争议隐患。

分红的时间也最好进行约定。生意一般都需要资金储备和资金周转，过快把盈利分光，后续就可能出现周转危机，且频繁分红也会增加经营成本。因此，可以根据行业情况，约定按月、按季度或按年进行分红。一些特殊行业也可以按天或按周分红，甚至是按项目周期进行分红。

生意做大了，可能还没等到盈利，就需要进行增资。一旦增资，就涉及原有的分红比例的调整，可能有两种方式解决新分红比例：一种是按新投资额重新协商分红比例；另一种是部分合伙人无法增资，却又不愿意降低分红比例，很容易僵持不下，影响经营，对于这种情况，可以将新增投资以借贷方式而不是股权投资方式进入。因此，为了防患于未然，最好在分红协议上明确以后的增资及分红的调整办法。

在合伙生意里，往往会出现这样的情况：甲合伙人负责生意的经营管理，其他合伙人只投入自己的资源，不参与经营。在这种情况下，对于甲合伙人的经营管理有两种解决办法：一种是把其折算成甲的股权进行分红，不发放对应薪酬；另一种是给甲的经营管理付出薪酬，不掺和到甲的其他合伙资源里折算股权。

第三节　确定参股合伙人

雷军曾在一次公开演讲中表示：创建小米最困难的是寻找合伙人。不管是选择合伙人，还是股权分配，都是创业公司不可回避的难题。如果把难题解决好了，就可以打造一支具有超强战斗力的团队，即使创业失败也有东山再起的可能；解决不好，就会将事情搞得一塌糊涂，创业项目也会夭折或发展受阻。

无论是从估值上亿到一夜分家的明星初创公司"泡面吧"，还是因为股权纠纷散伙的"西少爷"，无数初创公司都死在股权分配问题上。狂热的互联网创业潮催生了众多年轻且优秀的创业者，但类似"泡面吧"和"西少爷"这样因为股权纷争而散伙的创业团队，不是第一个，也不会是最后一个。

创业项目中涉及下列人群，不能参与初创股权分配：

1. 保证持续保有的资源提供者

有些项目的启动需要诸如电信运营商、旅游、文化和交通等行政资源的，而这些关系需要某人的私人关系取得，这就存在不确定性，不能作为合伙人。对于这部分资源的利用，初期可以以顾问的形式交换和取得资源。

2. 兼职者

创业是一个长期的事业，需要全身心投入，非资金投入的兼职者，不适合当合伙人。

3. 专家顾问

有些创业项目的启动和顺利运营，需要特定的专业顾问。虽然有些顾问会提出不收顾问费，换股权，但这不可取。因为既然是顾问，就可能因为某些原因"不顾不问"，其占有股权，非但不能发挥应有作用，还会对项目造成严重影响。

4. 早期员工

有些初创团队为了留住人才，可能会给予小比例的股权，甚至会以小比例股折抵工资，减少工资支出。这同样不可取。早期的股权非常珍贵，不能轻易给；且初创公司的股权在员工眼里都不值钱，起不到激励作用。

5. 不认同合伙事业发展理念，不能长期坚持，不能同舟共济的人

在创业过程中，因为各种原因，中途退出的案例很多。从这个意义上来讲，要想找到志同道合的合伙人，比找结婚对象还难。

第四节 确定股份类型

确定股份很重要，这里举两个例子：

第一个案例是真功夫。

潘宇海是真功夫的创始人，他为真功夫建立了一套产品标准，后来其姐

夫蔡达标加入，在蔡达标的运营下，真功夫从一家小店发展为全国知名的饮食连锁店。最后，当双方在面对取得的巨大利益时，谁也不肯让步。开始，蔡达标把潘宇海逐出了核心管理层；之后，潘宇海揭发蔡达标挪用公款。双方经过几番争斗后，蔡达标锒铛入狱，潘宇海独揽公司大权。看似胜负已定，实则两败俱伤，真功夫发展降速，融资不畅，上市遇挫，估值缩水，痛失好局。

第二个案例是罗辑思维。

曾一度被外界看好的黄金搭档罗振宇和申音，最终因为股权分配问题而分手。在罗辑思维的品牌和运营上，罗振宇花了很多心思，但罗振宇在公司中占股 18%，而申音占股 82%。这种股权分配对创始合伙人来说非常不合理。

我之所以要将这两个案例抛出来，就是想告诉大家：对于创始团队，好的股权分配非常重要。

股权激励其实就是建立一种共赢机制，就是为了解决创始合伙人和高管、员工之间的关系。之前我们可能是一种委托代理关系，现在通过股权激励就是合伙人关系，大家利益一致。股权激励就是把公司股东和职业经理人（高管）利益绑到一起。他们的立场不同，员工更关心的是能拿多少工资和提成奖金；股东更关心的是公司未来的发展、长期的增值与稳定。通过股权激励，可以把不同立场的群体捆绑到一起。

如果公司上市被并购了，可能有 1%~2% 的股权价值都在几百甚至上千万，这就是想象空间。通过股权激励可以改变一个人的想法。高管层会想，如何把公司的估值做得更高一点，什么时候公司可以拿到 A 轮、拿到 B 轮，做大了之后，1% 的股权都不得了。

做股权激励，有 10%~15% 的期权池，不要一下子都分配完。要考虑第

二、第三年，有了行政、财务、商务等之后，这些人做股权激励怎么办。有的公司还会给外部顾问一些期权，有的可以拿到1%～2%的股权。企业未来要做上市了，需要寻找蔡崇信这样的人，可能一开始是顾问，你怎么办？这时要绑定他，给他一些股权。所以，基于公司的发展，还要考虑这部分人的存在。

股份的类型主要包括以下几种：

1. 实际股权

实际股权就是直接把股权分给高管，这种情况现在很少见，可能也会有，但可能不是做工商变更，只是由大股东代持，但股份也是直接给到你，不是期权。

这种方式是一种长期激励股权，会增强员工的归属感。员工一旦成为股东，就一定会为公司服务。它的缺点是什么？做股权变更非常麻烦，包括未来要做转让、增资，员工变成股东，未来他有签字权、话语权，如果他不签字，也是很麻烦的事，缺点就是手续复杂，变动性很差。

所以，最好不要到工商变更实际股权，可以用一些衍生方式，例如：给干股，由大股东代持，不做工商变更相对简单些。然后，用一些限制性投票，提出一些限制权利，例如：给你代持股权，但你没有投票权，只有分红权，所有的投票由大股东决定。

2. 虚拟股权

这种股份是虚拟出来的，跟工商登记没有任何关系，既没有表决权，也没有剩余分配权。如果公司倒闭，公司股东都会进行清算，拿到一些比例的"剩余价值"，但他没有。这种方式比较容易操作和控制，缺点就是在公司发展规模小时，给对方一些虚拟股，绑不住他，他会认为没有归属感，薪酬和一般员工拿提成差不多。

3. 股票期权

所谓"期权"就是未来可以用现在定的价格来购买股票的权利。不是说给你期权就一定要买股票，它是给你一个权利，不像前面真正拿到股份。举个例子，假如现在的股票值一元钱，你给我期权，两三年之后，还可以用一元钱的价格来购买多少股票。只有当股票升值了，我才有动力购买股票；公司价值降低，甚至破产，就可以不买股票，这时期权就没有任何效果。

第五节　确定实施条款与细则

确定了上面内容后，就要确定实施条款和细则了。如何来确定？下面是某合伙企业合伙人实施条款和细则，可供参考和学习。

合伙人实施条款和细则

1. 合伙人治理制度是当今最先进的企业治理制度创新，在过去多年的发展中，已经在一些互联网巨头企业获得成功。合伙人治理制度并不是公司的组织形式，不能理解为公司是合伙制企业，只是在有限责任公司或股份公司里实行创新的治理制度，该治理制度为了表达核心团队的责任感而借用了合伙人的名称。

2. 本实施方案是指由——公司及其相关业务、许可等承载实体（以下简称"公司"），在结合自身的实际情况下，在初创阶段就通过授予核心团队员工拥有本公司股权，并授权专业团队制订公司战略方向、发展策略，参与经营决策，按股份享受有公司长期利益的治理方式。

3. 推行内部合伙人制度的目的在于：

（1）实现公司治理模式的突破，凝聚核心员工，激励核心团队，保证核心团队的稳定性、创造力；

（2）让核心团队的专业人士拥有较大的战略决策权，减少内外部短期波动影响，确保客户、公司及股东的长期利益；

（3）不会因为任何人员的离开而影响公司的文化及价值观的形成。

4. 合伙人指认同公司文化，具备公司所需重要能力，并获得股权奖励的员工。合伙人对公司负有共同创业、共同经营、共担风险之责任，原则上公司只接受参与实际经营管理的人员为合伙人，不接受纯投资者。

5. 为提高公司决策效率，公司成立合伙人委员会，合伙人总数在_____人以内时，所有合伙人默认进入合伙人委员会（以下简称为合委会）；当合伙人总数超过_____人时，合委会采取委员选举制，除默认进入合委会的人选外，其他人选由选举得票数量从多到少顺序当选为合委会委员，直到满额。

6. 合伙人制度实施遵循以下四项原则：

（1）循序渐进，需要通过一定的周期考验。

（2）公开、公平、公正，对股东、董事会、整个团队都透明并接受监督。

（3）收益与风险共担，收益延期支付，强调绩效导向的考核方式。

（4）能力配比，增量激励，建立合伙人的能力模型，保证优选。

7. 公司的主要股东和投资者授予合委会董事提名权，通过公司章程和股东协议保障合委会具有_____%以上的董事提名权。在合委会提出董事提名后，股东会按章程和法规进行任命。因各种原因董事会成员中合伙人提名或任命的董事不足半数，合伙人有权任命额外的董事以确保其半数以上董事控制权；如果股东不同意选举合伙人提名的董事人选，合伙人可任命新的临时董事，直至下年度股东大会；如果董事因任何原因离职，合伙人有权任命临时董事以填补空缺，直至下年度股东大会。

8. 本制度实施意在逐步构建符合公司实际需要的合伙人经营治理模式和团队合作习惯，此外并不改变公司任何其他性质，亦不影响股东除董事提名权外的任何权益。

......

第六节　经营哲学

企业在激烈的市场竞争环境中，面临着各种矛盾和多种选择，必须用科学的方法论作为指导，用一套逻辑思维程序来决定自己的行为，这就是店铺经营哲学。

店铺经营哲学也称店铺哲学，是店铺特有的从事生产经营和管理活动的方法论原则，是指导店铺行为的基础。例如，日本松下的"讲求经济效益，重视生存的意志，事事谋求生存和发展"，就是它的战略决策哲学；创办于1994年的北京蓝岛大厦，该企业的经营指导就是"诚信为本，情义至上"。

只有在共同经营哲学的基础上，才能产生正确的经营目标。有了正确的经营目标，才会有奋力追求经营目标的行为，店铺才有希望。

店铺经营哲学决定着员工行为的取向，关系着店铺的生死存亡。只关注店铺自身经济效益的经营哲学，就会偏离社会主义方向，不仅会损害国家和人民的利益，还会影响店铺形象；如果只顾眼前利益的经营哲学，就会急功近利，搞短期行为，还会使店铺失去后劲，最终导致灭亡。

2014年4月，孟兵、罗高景、宋鑫三人联合创办了第一家西少爷肉夹馍店，地址位于人口稠密的北京五道口，面积不足10平方米。虽然规模小，但是每天生意都非常火爆。为了品尝这种肉夹馍，顾客总会排着长长的队伍等待。结果，西少爷肉夹馍在同年8月就迅速扩大规模，先后开设了多家分店。

其实，开业两个月不到，合伙人之一宋鑫就离开了团队。好像有两种说法：一种说法是因为宋鑫性格不合、经营目标不同、理念不同，因此不断产生矛盾所致；另一种说法是因为孟兵及其他几位联合创始人对于西少爷股权分割不明。

在创业初期，三位合伙人曾签订了一份行权协议，协议明确规定：联合创始人必须在公司任职满5年，才能获得约定的全部股权。如果一年内离开，只能获得股权的1/5。根据这份协议，孟兵团队明确宋鑫只能拿到公司5.64%的股权，并不是最初约定的28.2%。

2015年3月，孟兵与其他几位联合创始人将宋鑫告上法庭，原告诉被告拒不履行三人签署的行权协议。事情的起因是宋鑫与昔日合伙人就其究竟能拿到西少爷多少分红起了争执。

北京西少爷肉夹馍是餐饮界的知名品牌，可是谁能料到，昔日并肩作战的创业伙伴，后来却打起了官司。昔日的惺惺相惜，今日却对簿公堂，看到这个局面着实令人扼腕叹息。一个本来大有前途的创业团队，仅仅因为合伙人之间利益分配的问题分崩离析，可悲可叹。

从资料来看，造成这种局面的原因更多的是性格不合、经营理念和目标不同导致的。但笔者认为，他们犯的最大错误就是盲目选择合伙人，这是导致崩盘的根源。

经典案例分析：永辉超市合伙人

超市行业的最大问题是一线员工的工作又脏又累，薪水却非常少，导致员工流动性非常高。永辉超市董事长张轩松调研发现，一线员工月工资为2000多元，在北京这样的收入可能刚刚解决温饱问题，因此员工工作没有干劲，顾客也无法从他们的脸上看到笑容，自然就无法吸引消费者进店，进而对整个超市造成负面影响。为了增加员工薪酬、节约成本、提升营业收入，永辉超市开始了运营机制的革命——对一线员工实行"合伙人制"。

永辉超市合伙人制从2013年开始在福建大区试点，2014年推广到全国。最开始，合伙人制度只在某些生鲜品类的销售岗位进行试行，之后在全公司范围内进行推广，基本上涉及了所有的基层岗位。

永辉合伙人制度的核心：总部与经营单位（合伙人代表）根据历史数据和销售预测制定一个业绩标准，如果实际经营业绩超过了设立的标准，增量部分的利润就要按照一定的比例在总部和合伙人之间进行分配。

全国永辉超市员工数以万计，总部不可能与每位员工都开会敲定合伙人制度的细节和考核标准。通常都是以门店或柜组为单位，代表基层员工参与合伙人计划，与总部讨论重要的业绩标准与考核。另外，员工和企业的协定是利润或毛利分成，员工就会尽量避免不必要的成本浪费。以果蔬为例，员工在码放时至少会轻拿轻放，还会注意保鲜。一线员工的利益与合伙人被绑在一起，大家成了一个共同体，极大地降低了管理成本，员工的流失率也显著降低。

2017年，永辉超市推出了限制性股票激励计划草案，向339名激励对象授予不超过1.67亿股限制性股票，占公司总股本比例的1.74%，价格为

4.58 元/股。本次激励对象包括：战略管理层、核心管理层、重要经营层和核心业务骨干四类员工，这个计划草案激励范围广，有利于全面调动成员的活力。

截至 2018 年 1 月 12 日，永辉超市市值达到 985 亿元。其之所以能够取得这样的成绩，关键就在于实施了合伙人制度。

第七章　百人团结像泰山：
合伙人机制实施的要领

第一节　把合伙人作为一种战略

在进行企业合伙制改革时，万科独树一帜，选择了创新型的"事业合伙人计划"，引领了企业合伙制改革潮流。

2014 年 4 月，万科集团 1320 名员工出资 14.1 亿元创立了盈安有限合伙企业，成为首批万科事业合伙人；同年 5 月，盈安合伙引入融资杠杆以 3 亿元购入 3583.92 万股万科 A 股股票，完成了盈安合伙投资首秀；到 2015 年 1 月，盈安合伙已累计出资 49 亿元对万科股票进行了 11 次增持投资。该计划将员工利益与企业利益连为一体，企业与员工同担风险、共享收益，有效激发了员工的工作积极性，同时实现了管理上的创新。

如今单打独斗的时代已经成为历史，未来创业的趋势将是合伙人。在当今移动互联网时代，单靠一个人的力量是无法取得创业成功的，各店铺部门除了需要有独当一面的人才之外，还需要组建成功的团队，这样才能生产出好产品，进而使创业走向成功。

合伙制是未来的趋势，更是公司的发展战略。合伙制的最大特点有三个方面：

第一，一定要做到信息共享，因为合伙制最关键的是数据上移，信息对称。

第二，责任一定要下沉，沉到各个事业群，沉到各个项目，沉到各个自主经营体里面。要将权力下放，独立核算，各个经营业务单元一定要独立核算，一定要核算各事业群、各团队、各项目。

第三，利益共享。

店铺要想真正推进合伙制，首先就要回归到最基本的价值理念上去，这种价值理念可以归结为八个字：共识、共担、共创、共享。

1. 共识

店铺推行合伙制最主要的是要有共识。合伙制组织是一个使命与价值驱动型的组织，大家都有战略共识，有共同的文化价值观、使命价值观。道不同不相为谋，首先要解决"道同"的问题，只有解决了这个问题，才能减少店铺内部的交易成本，才能真正建立起信任机制。

2. 共担

合伙制最重要的是共担。所谓共担就是共担风险，共担治理责任。过去理解的合伙制：我只出力不出钱。其实，真正的合伙制是既出钱又出力，还要出资源。人力资本与货币资本之间不是一种简单的雇佣关系，而是一种合伙关系，因此就要建立一套自我施压与担责的体系。

3. 共创

对于店铺内部来讲，各合伙人都各有能力，需要将每个人的优势真正发挥出来。店铺要建立价值驱动要素联动，尤其是在互联网时代，更要提高各业务单元的合作协同价值，以客户价值为核心，真正形成价值创造、价值评价、价值分配的循环。合伙制不是简单的分配问题，更不是长期的激励问题，而是真正形成价值创造、价值评价、价值分配等的一个有机循环，是持续创造价值的奋斗精神，要依据贡献实现动态合伙和退出机制。如果合伙人无法为店铺做贡献，或者贡献越来越小，就要对合伙机制进行动态调整。

4. 共享

这里所谓的共享是指剩余价值共享、信息与知识共享、资源与智慧共享，并不是简单的利益共享。店铺内部不仅共享利益，更要实现信息与资源共享、资源与智慧共享，要建立一个真正的良性生态环境共享体系。

第二节　把握行业发展趋势和步骤

2014 年 11 月，肖莉辞去万科高级副总裁一职，加盟互联网房地产整合服务平台——"房多多"，担任合伙人。同年 12 月，刘肖接替毛大庆担任万科北京公司总经理。这时万科创业时的元老集体离开公司，人们发出了无限感叹：难道互联网行业确实比房地产合伙人更具吸引力？

其实，互联网行业的合伙人制度跟房地产合伙人制度有着很多不同点，例如：从实施时间上来说，互联网行业的合伙人制度历史要久远得多，从企业成立开始，合伙人制度就一直伴随着公司发展，员工既是创业元老，又是股份持有者，能够享有众多的福利待遇。而房地产在最初兴起时采用的是股份制，随着企业的不断发展，才逐渐演变成合伙人制，房地产的合伙人制带有鲜明的职业经理人特色。因此，跟互联网行业比较起来，房地产合伙人拥有的自主权和选择权更小。

如果说互联网行业是朝阳产业，那么房地产行业则是夕阳产业。今后对于实施合伙人制度的房地产企业又会做出怎样的变革呢？

1. 采用合伙制，留住人才决胜楼市下半场

在过去很长一段时间里，职业经理人制度都受到了大企业的欢迎，就连一些家族企业在培养接班人时也会考虑职业经理人。可是，如今职业经理人制度正处于转型的十字路口，合伙人制度反而受到热捧。例如，2014年，万科推出合伙人和项目跟投计划；2015年，碧桂园推出自己的项目跟投激励机制。

2. 地产行业的调整加速了人员的流动

万科在成立之初实行的就是职业经理人制度，重视员工的能力和业绩，将所有权和经营权分离，实现高效率管理。但在2014年，万科向合伙人制度推进。这就告诉我们，万科也在不断地转变经营思路。可是，这种调整必然会加速人员的流动。

3. 中基层员工的收益有限

随着职业经理人制度的缺陷日渐凸显，众多的房地产企业纷纷向合伙人制度推进，但由于大多数房地产企业实行的是股份制，造成房地产企业的合伙人制与真正意义上的合伙人制相去甚远，在推进过程中阻碍众多。

企业合作机制的实施，通常要经历以下四个步骤：

1. 改善治理机制

合伙人制度重新界定了公司与员工、公司与合伙人之间的关系，改变了

企业原有的以股权为基础的治理方式，通过人合因素关系及组织架构的扁平化，每个管理者都能听到最底层的声音；同时，还要通过构建利益共同体，增强团队信任，进而激发组织活力。

2. 增量激励解决发展问题

一方面合伙人制度着重于激励新业务、新模式等新增量，让优秀合伙人加入，让贡献停滞的老合伙人退出，不断推陈出新，时刻保持团队的生命力；另一方面通过增量来实施激励，可以更好地实现投资者与员工之间的利益共享，鼓励员工在企业平台上贡献自己的力量，防止过多的优秀员工另立门户。因此，合伙人制度不仅是为了解决眼前的经营问题，更多的是着眼于把企业平台做大，解决未来发展问题。

3. 多平台操作

这一点主要体现在两方面：公司平台，通过公司级合伙人的引进与发展，建立长期稳定的专业管理团队，实现公司由业务公司向管理与资源控制平台转变；业务平台，通过业务合伙人制度，吸引外部关键业务人员与业务团队，积极开拓新业务，鼓励内部成熟业务再增长，保证整体业务的快速发展。

4. 战略行动一致

在公司层面和业务层面都可以设置合伙人持股平台，通过业务增量激励、资本化等多种方式实现利益共享；同时，保持战略行动的一致性，强化创始合伙人及经营层的控制权，逐渐提升组织决策科学性与决策效率。

第三节 老板亲自挂帅，成立
合伙人启动项目小组

一、共担、共创、共享时代，合伙制度顺应而生

2013 年，以新东方为原型的电影《中国合伙人》大热，让"合伙人"概念在中国成为关注焦点。对合伙企业中的合伙人，法律上有明确的定义；而对公司制企业中的合伙人，并无统一定义。

从广义上来看，合伙人是员工和股东身份的统一，持股员工数量比较多，例如，万科的合伙人制度包括了上千人的员工间接持股。2014 年万科召开合伙人创始大会，1320 位员工成为首批事业合伙人。截至 2015 年 1 月底，代表万科合伙人的盈安耗资数十亿元，成为持有万科 4.48% 的第二大股东。

当然，从狭义上来讲，合伙人是指持股较多的骨干，特别是高管和联合创始人。小米有个理念，就是要跟员工一起分享尽可能多的利益。当小米刚成立时，就推行了全员持股、全员投资的计划。此外，阿里巴巴合伙制的独特之处也在于，将合伙人制度化，合伙人拥有提名多数董事会成员的权利。

合伙人是公司的运营者、业务的建设者、文化的传承者，同时又是股东，最有可能坚持公司的使命和长期利益，最有可能为客户、员工和股东创造长期价值。通过合伙制，就可以形成共担、共创、共享的机制，这也是合伙制的本质。

2014 年，万科的职业经理人制度升级为合伙制，这是中国企业职业经理

人制度走向合伙制的标志性事件。之后，碧桂园、乐视等纷纷推出合伙制。新东方联合创始人徐小平说："创业的第一件事是要找合伙人，联合创始人比你的商业方向更加重要。"如今，单打独斗已经无法适应创业的需要，创始人层面的合伙，才能为合伙制构建良好股权结构奠定良好的基础。

二、成立合伙人组织

随着知识经济的快速发展，人才的重要性不断提升，从两三人的创业公司，到阿里巴巴、华为、万科这样的大企业，都在探索契合自身状况的合伙人模式。例如，上海置诚城市管网公司（以下简称"置诚"）的合伙人方案就很有新意，仅用了短短的一年时间，就让营业额提升了 70%，成效显著。它是如何做到这一点的呢？

1. 组织再造

为了提高效率，"置诚"对公司进行了组织再造。城市管网行业的特点是移动制造，"置诚"的项目遍布城市各个角落，甚至分布在全国各地，公司不能细致地管控每个项目的规范和质量。但这个行业又完全依赖对项目现场的管控，因此一线人员的授权就非常重要。

遇到问题的时候，一层层往上报，再一层层往下传达，不适合这个行业，速度太慢，效率太低。为了提高管理效率，增强竞争力，"置诚"让员工组成了一个个闭环的小团队，即合伙人组织。员工得到很大的授权，做事能够自己确定，不用再向副总或老板汇报，大大提高了决策效率。

除了行业特性适合建立快速决策的小团队之外，"置诚"之所以要推行合伙人组织的另外一个原因是让小团队成员互相激励来提升效率。在"置诚"的员工中，中专、大专学历的接近 60%，本科以上学历的占 25%，公司人员素质普遍不高，大部分人工作都不是靠自我的职业素养来驱动，很多情况下都需要依赖上级的监督。可是，公司管理层的监督能力毕竟有限，随着人员的逐渐增多，效率就会越来越低。

最好的方法是在小团队内部互相监督。但要想提高监督效果，必须满足一个前提条件，那就是他们属于一个利益共同体。我不知道你在干什么，你不知道我在干什么，整体就会出现懈怠。在一个小团队中，看到别人都在勤奋地工作，其他人定然也会拼命地干，因为大家的利益是绑在一起的。

"置诚"之所以要推行合伙人组织，就是想让在公司内部表现突出的人成为各小团队的老大。之后，他再带上两三个人，作为团队的核心，再在公司里配全所有的专业。

2. 利益和风险共担

推行合伙人组织后，"置诚"保留了过去的各种激励方式，在此基础上，推出一个新的激励制度：超出既定利润目标的部分，四六分，公司拿 40%，团队拿 60%；并且，这 60% 的超额利润，主要让三四个团队核心成员拿走。"置诚"各团队的客户及利润目标是在内部竞争中确定的，例如，公司根据某个客户上年带来的利润，按照常规增长率，确定当年的净利润；各团队可以竞争客户，之后由公司进行评比。

第四节　合伙企业如何设计分红时间

古话说：朋友好做，合伙生意难做。很多人合伙做生意，经常会因为经营过程中的分红纠纷而散伙，因此，合伙做生意，一定要先小人后君子。开始合作前，要确定好分红协议；同时，在以后的分红中严格按协议进行，万不能感情用事。

很多人发现了商机，脑子一转，觉得有利可图，就招呼朋友亲戚坐下来吃一顿，之后立刻开始干，至于以后的利益分成，只有口头承诺，完全出于义气与信任。而生意变化万千，一旦走上正轨，就会涉及具体的分红问题，在利益面前，之前的承诺都会变成浮云。

因此，合伙做生意之前，一定要确立分红协议，或在合伙协议里设置专门一章明确分红问题。具体协议项包括分红依据、分红比例、分红时间、支付方式等。

在合伙生意里，资金、客户资源、市场渠道、经营管理能力、人脉资源、社会关系网络、技术能力、货源等，都是合伙的基础资源和前提，也是分红的依据。合伙生意里的每个合伙人都有某些方面的合伙资源，在生意的谋划期，一定要认真评估每种合伙资源的价值；之后，再根据价值确定股份，给出该资源对应的分红比例。这样，每个价值都得到体现，自然就可以消除争议隐患了。

一、什么时候分红好

一般来讲，公司在财会年度结算后，会根据合伙人的持股数将一部分利润作为股息分配给合伙人。例如：根据上市公司的信息披露管理条例，我国上市公司必须在财会年度结束的 120 天内公布年度财务报告，且在年度报告中公布利润分配预案，所以上市公司的分红工作一般都集中在次年的第二和第三季度。

在分配股息红利时，首先是优先股合伙人按规定的股息率行使收益分配权，其次是普通股合伙人根据余下的利润分取股息，股息率不一定固定。在分取了股息后，如果公司还有利润可供分配，就可根据情况给普通股合伙人发放红利……

另外，分红的时间也最好提前进行约定。生意，一般都需要资金储备和资金周转，在最短的时间里将盈利分光，后续很可能会出现周转危机；而且，频繁分红，还会增加经营成本。因此，可以根据行业情况，约定按月、按季度或按年进行分红。当然，特殊行业也可以按天或周，甚至是按项目周期进行分红。

二、分红的发放方式

财产股利是指公司用现金以外的其他资产向合伙人分派股息和红利，既可以是公司持有的其他公司的有价证券，也可以是实物。

现金股利是公司以货币形式支付给合伙人的股息红利，也是最普通最常见的股利形式，例如：每股派息多少元，就是现金股利。股票股利是上市公司用股票的形式向合伙人分派的股利，也就是通常所说的送红股。采用送红股的形式发放股息红利，是将应分给合伙人的现金留在企业作为发展再生产之用，与股份公司基本上差不多，暂不分红派息。股票红利，可以让合伙人手中的股票在名义上增加了，但会让公司的注册资本增大，减少股票的净资产含量，而合伙人手中股票的总资产含量却没什么变化。

通常，只有在获得利润后才能向合伙人分派股息和红利，上市公司一般会在公司营业年度决算后从事这项工作。其实，有的上市公司在一年内会决算两次，一次在营业年度中期，另一次是营业年度终结。相应地，也会向合伙人分派两次股利，回报合伙人，吸引投资者。

根据《公司法》，上市公司分红的基本程序是：首先，由公司董事会根据公司盈利水平和股息政策，确定股利分派方案；其次，提交给合伙人大会审议；最后，会议通过便可生效。

第五节　合伙企业核算要考虑的因素

合伙企业是现代企业制度的一种组织形式，与公司制企业会计核算的区别主要在于——所有者权益。例如：合伙人投入资本、推出，都要正确核算商誉；合伙人既是投资者，又是经营者，需要正确核算提款数；征收投资者个人所得税，是企业一项费用支出，应由企业负担；税后利润，应该对照公司制企业提取风险和发展基金。

一、何谓财务核算

财务核算在店铺日常管理中起着不容忽视的作用，如何将会计核算与店铺的内部管理有效地结合起来，满足店铺管理需要、提高店铺内部管理水平，对店铺的财务管理来说，异常关键。

财务核算也称财务反映，其以货币为主要计量尺度，对财务主体的资金运动进行反映。主要是指对财务主体已经发生或已经完成的经济活动进行的事后核算，是财务工作记账、算账、报账的总称。合理组织财务核算形式是做好会计工作的一个重要条件，不仅可以保证财务工作质量，还能提高财务工作效率，更可以及时、正确地编制财务报表，满足相关财务信息使用者的需求。

二、合伙企业核算的方式

合伙企业的核算方式主要包括以下四个：

1. 成本核算

所谓成本核算就是按照一定对象归集和分配生产经营过程中发生的各种

费用，确定各对象的总成本和单位成本。产品成本是综合反映店铺生产经营活动的一项重要指标，正确地进行成本计算，不仅能对生产经营过程中的费用支出水平进行考核，还能确定店铺盈亏和制定产品价格的基础；同时，还能为店铺进行经营决策提供重要数据。

2. 财产清查

所谓财产清查是指通过盘点实物、核对账目，查明各项财产物资的实有数额。通过财产清查，可以提高会计记录的正确性，保证账实相符。同时，还可以查明各项财产物资的保管和使用情况及各种结算款项的执行情况，对积压或损毁的物资和逾期未收到的款项采取措施，进行清理，加强财产物资管理。

3. 复式记账

复式记账是指对发生的每项经济业务，以相等的金额，同时在两个或两个以上相联系的账户中进行登记。这种记账方法，可以全面反映每笔经济业务的来龙去脉，减少差错的出现，便于检查账簿记录的正确性和完整性，是一种比较科学的记账方法。

4. 填制和审核凭证

会计凭证是记录经济业务，明确经济责任、记账依据的书面证明，正确填制和审核会计凭证，是核算和监督经济活动财务收支的基础，是做好会计工作的重要前提。

三、合伙店铺核算考虑的因素

合伙店铺在进行核算的时候，要考虑的因素有以下四个方面：

1. 监督管理机制

在合伙店铺管理过程中，店铺所有者不一定是店铺经营者，在对于店铺某些项目经费的支出上不可能做到全面监管。店铺经营者具有受托责任，需要对经费的支出和利润分成进行分配，店铺经营管理人员容易形成小集团，财务资金容易出现分配不均的情况；中小企业财务机制不健全，各项费用的报销和管理程序不完善，一旦缺乏财务监管，就容易出问题。

2. 财务数据分析

不重视财务往来的账目核算，对财务工作缺乏数据分析，就无法从各种经费数据中看到公司项目的发展。因此，一定要重视财务数据的分析。

3. 科学的财务运行体制

我国各大企业实行的都是以总经理为首的统一领导，在此基础上进行分级管理。这种方式，从某种程度上，会形成领导与财权分配上的矛盾，也可能过分强调总经理的权力，造成管理决策不科学等问题。

4. 风险的防范意识

为了改善员工的福利和待遇、提升品牌形象、加大产品宣传等，单市场经济体制下各种活动的举办和执行都依靠财务部门的支持，会为店铺的财务经费支出造成很大的负担，因此不仅要对店铺新项目进行严格的分析与评价，还要不断完善财务核算和管理体制。

第六节 建立进入机制与退出机制

一、合伙人股权的进入机制

搞清楚什么是合伙人，是建立合伙人股权进入机制的前提。合伙人，是既有创业能力，又有创业心态，有 3~5 年全职投入预期的公司创始人与联合创始人。

对于店铺来说，贡献最大的是合伙人，主要参与分配股权的也是合伙人。合伙之后，无论公司的大事小情，合伙人之间都要一起商量，一些重要的事甚至还须经全部合伙人同意。公司赚的每一分钱，不管是否和合伙人直接相关，都要按照事先约定好的股权比例进行分配。

下列人员均可以是公司的合作者，但创业者应慎重将下列人员当成合伙人，并按照合伙人的标准发放大量股权。

1. 短期资源承诺者

合伙人刚开始创业时，有些人会提出，可以为他创业对接上下游的资源。作为回报，要求公司给 20% 股权。结果，创业者把股权出让给他后，他承诺的资源却迟迟没有到位。

这肯定不是个案。在创业早期，可能需要借助很多资源为公司的发展打基础，这时最容易给早期的短期资源承诺者许诺过多股权，把资源承诺者变成公司合伙人。创业公司的价值需要整个创业团队长期投入时间和精力去实现，因此对于只是承诺投入短期资源但不全职参与创业的人，建议优先考虑项目提成，谈利益合作，一事一结，不能是通过股权来进行长期深度绑定。

2. 天使投资人

例如，某公司早期创业时，三个合伙人凑了 49 万元，然后一个朋友投了 51 万元，总共拼凑了 100 万元启动资金。大家按照各自出资比例，简单直接高效地把股权给分了，即合伙人团队总共占股 49%，外部投资人占股 51%。在公司发展到第三年时，合伙人团队发现，一方面，当初的股权分配极其不合理；另一方面，公司想引进外部财务投资人。多个投资人做完初步调研后，却表示不敢投他们这类股权架构。

3. 早期普通员工

出于成本考虑，为了激励员工，在创业刚开始三个月，有的企业只有 7 名员工时，结果就给合伙人之外的 4 名普通员工发放了 16% 的期权。做完股权激励后，他们才发现，这些员工并不看重股权，最关注的是涨工资。因此，早期员工流动性较大，股权管理成本很高。

对于既有创业能力，又有创业心态，经过初步磨合的合伙人，可以尽早安排股权。但是，给早期普通员工过早发放股权，一方面，激励效果很有限；另一方面，公司股权激励成本很高。在公司早期，给单个员工发 5% 的股权，对员工很可能起不到激励效果，甚至起到负面激励。员工会认为，公司是不想给他们发工资，通过股权来忽悠他们，给他们画大饼。

公司在中后期给员工发放激励股权，5% 股权就可能解决 500 人的激励问题，而且激励效果特好。在这个阶段，员工也不再关注自己拿的股权百分比，而是按照投资人估值或公司业绩直接算股票值多少钱。

二、合伙人股权的退出机制

甲、乙、丙、丁四人合伙创业，进行到一年半时，丁与其他合伙人不和，同时又有其他更好的机会，故提出离职。但是，对于丁持有的公司 30% 的股权该如何处理时，大家卡壳了。

丁说，我从一开始即参与创业，既有功劳，又有苦劳；《公司法》也没规定，股东离职必须退股；章程也没规定；合伙人之间也没签署过其他协议，股东退出得退股；几个人从始至终就离职退股也没做过任何沟通。因此，他拒绝退股。

而其他合伙人说，他们还得把公司像养小孩一样养五年，甚至十年。你打个酱油就跑了，不交出股权，对我们继续参与创业的其他合伙人不公平。双方互相争辩，各说其理。

创业店铺该如何做好合伙人股权的退出机制？正确的答案应该有以下两个方面：

1. 做好合伙人预期

给合伙人发放股权时，要做好深度沟通，管理好大家预期：合伙人取得股权，是基于大家长期看好公司发展前景，愿意长期共同参与创业；合伙人早期拼凑的少量资金，并不是合伙人所持大量股权的真实价格。股权的主要价格是所有合伙人与公司长期绑定（如三年），通过长期服务公司去赚取股权；如果不设定退出机制，允许中途退出的合伙人带走股权，对退出合伙人很公平，但却对其他长期参与创业的合伙人是最大的不公平，对其他联合合伙人也没有安全感。

2. 游戏规则落地

在一定期限内，例如一年之内，约定股权由创始股东代持；约定合伙人的股权和服务期限挂钩，股权分期成熟（如四年）；股东中途退出，公司或其他合伙人有权以股权溢价回购离职合伙人未成熟甚至已成熟的股权；对于离职不交出股权的行为，为避免司法执行的不确定性，约定离职不退股高额的违约金。

经典案例分析：小米合伙人

创立不到五年，小米公司估值 450 亿美元，2014 年共售出 6112 万台手机，营业收入 743 亿元，居国产智能手机之首。小米创始人、董事长兼 CEO

雷军称，小米成功的经验很简单，即每个人都把自己当作真正的创业者。合伙、持股、分享，正是"真正创业者"的最佳诠释。

1. 人人持股

雷军持股最多。2010 年 4 月小米成立伊始，就采取了人人持股的机制。七个联合创始人都有股权，核心人物雷军持股最多。雷军创立小米对合伙人的一个承诺是：小米将是他最后一次创业。为了打消大家的顾虑，雷军大约花了 3900 万元增持，股份超过其他合伙人。

员工大面积持股。小米有个理念，就是要和员工一起分享利益。作为小米早期的 14 人之一，当时唯一的女员工小管听说公司要推全员持股，很兴奋，为了投资小米，甚至还卖掉了自己的嫁妆。

公司在薪酬制度中将股权作为重要内容。小米为员工提供了可选择的报酬，邀请任何人加入，都会给出三个选择条件：其一，选择和跨国公司一样的报酬；其二，选择 2/3 的报酬+股权；其三，选择 1/3 的报酬+股权。最终，10% 的人选择了不要工资或者 1/3 的工资，80% 的人选择了 2/3 工资，剩下10% 的人选择跟跨国公司一样的报酬。提供股权激励并没有设置较高的门槛，如客服人员只要工作半年以上，工作表现良好，就给期权。雷军认为，这样的薪酬结构很值。因为在"互联网+公司"，一个优秀人才最少相当于 50 个平庸之人。

员工持股。让员工、股东身份一体化，改变了个别人是创业者、绝大多数人是打工仔的传统模式，实现了人人都是创业者。小米实行全员每天 6×12小时工作制，维系这样的工作强度，既没有借助过所谓的打卡制度，也没有施行过公司范围内的 KPI 考核制度。

全员持股。广大员工共同享受公司发展的成果，早期入股的员工，至今股权已经增值百倍。

2. 合伙共创

在传统的店铺管理模式中，上下级关系分明、等级森严，少数人一权独大、成为中心，层级众多。小米采用合伙人制度，完全颠覆了过去的模式。

小米组建了一支七个联合创始人的核心管理团队。小米的组织架构没有层级，基本上是三级：七个核心创始人—部门领导—员工。而且，不会让团队太大，稍微大一点就拆分成小团队。从小米的办公布局就能看出这种组织结构：一层产品、一层营销、一层硬件、一层电商，每层由一名创始人负责，全面执行。大家互不干涉，都希望一起把事情做好。除了七个创始人有职位，其他人都没有职位，都是工程师，晋升的唯一奖励就是涨薪。如此，人们就不用考虑太多杂事和杂念，也没有什么团队利益，员工都将心思用在工作上。

雷军的第一定位不是 CEO，而是首席产品经理，他的大部分时间都用来参加各种产品会，每款手机都直接参与研发和测试。于是，全体员工之间的关系更多体现为合伙，关系更加平等。这样的合伙人制度，形成了团队"共创"制胜模式，而非主要靠某一个人。

第八章 团结一条心，石头变成金：合伙人的股权设计

第一节 股权架构的设计

公司股权不能让合伙人瓜分完，对于合伙店铺的发展来说，新合伙人、核心员工和投资人都是它的重要支持力量。所以，在分配股权这块大蛋糕时，要将目光放长远，预留好未来需要引进的新合伙人的股权、员工激励等股权份额，预留好未来引进投资人需要稀释的份额。对于具体预留的份额，没有固定比例，但要根据具体情况来确定。这些预留的股权份额，可以由 CEO 合伙人代持。

当然，这里所讲的预留是针对普通有限责任公司的，而对于股份有限公司则不存在这个问题，股份公司可以采用增发股份等方式，不一定采用预留的方式。

一、股权架构的类型

概括起来，股权架构类型共有三种：一元股权架构、二元股权架构、4×

4 股权架构。

1. 一元股权架构

所谓一元股权架构是指股权比例、表决权（投票权）、分红权都一体化。在这种架构下，股东的权利是根据股权比例加以区分的。这是最简单的架构，需要注意公司僵局的问题。

在实务中，存在的表决权"节点"有两个：一方股东持有出资比例超过33.4%的；只有两位股东且双方出资比例分别为51%和49%的。另一方出资比例超过66.7%的；两股东且各方出资比例均为50%的。在这里，第三种出资比例意味着，不管发生了什么情况，公司都不会出现僵局。最糟糕的是第四种股权结构，两股东各占50%表决权，不管公司做任何决议，都要经过双方一致同意，才能生效。

2. 二元股权架构

所谓二元股权架构是指股权在股权比例、表决权（投票权）、分红权等方面做出的不同比例安排，将股东权利进行分离设计。我国《公司法》修订后规定：章程可以约定同股不同权。当然，对于股份公司来说，只有不同类别的股东，才能这样设计，同类股票的权利应该保持一致。这种架构设计适合那些需要将分红权给某些合伙人但将决策权给创始人的多个联合创始人等情况。

3. 4×4 股权架构

在二元股权架构的基础上，可以将公司的股东分为四种类型：创始人、合伙人、员工、投资人，针对他们的权利进行整体安排。

这里的4×4指的是汽车的四驱。如果将创业公司比作一辆车，创业从事的行业就是赛道，创始人就是赛手。如今的创业创新，从本质上来讲就是一场比赛，不管哪种类型的比赛，都要为作为赛手的创业者配备品质高的赛车，并且必须是四驱的。因为四驱的赛车，动力足，能力强。但是，如今很多创业公司像是一辆自行车，或三轮摩托车，由于动力不足，所以能力也不强。

二、合伙人股权比例分配的考虑因素

在预留股权后，剩下的基本上就是可以由合伙人分配的股权。设计分配比例的时候，要考虑的因素包括：

1. 出资比例

如果所有合伙人都是按比例出资，各方资源优势基本相当，就可以直接按出资比例进行分配。如果只有部分合伙人出资，就要取得比没有出资的合伙人相对多的股权。

2. 项目的 CEO 应取得相对多的股权

CEO 是合伙事业的灵魂，对公司肩负着更多的责任。只有取得相对多数的股权，才有利于创业项目的决策和执行。

3. 综合评估每个合伙人的优势

例如，有些项目的启动不需要太多资金，主要依赖某位合伙人的专利；有些项目需要创意，产品仅是技术实现；有些项目，产品并不具有绝对的市场优势，最重要的是推广；有些项目，某个合伙人不用出钱出力，但只要其是合伙人，以后融资、导入项目就比较容易……各种情况，无法一一罗列，但资源提供者都要占据相对多的股权。

4. 科学评估每位合伙人在初创过程中各阶段的作用

在创业项目的启动、测试、推出等各阶段，每个合伙人的作用都是不同的，在进行股权安排时，要充分考虑不同阶段各合伙人的作用，调动起各合伙人的积极性。

5. 必须有明显的股权梯次，比例不能均等

如果是三个合伙人，最科学的比例结构是 5∶3∶2。

第二节 股权控制权的设计

一、初创公司哪些股权分配设计不可取

"西少爷"刚走上正轨，创始人团队却支离破碎。三个创始人分别占股 40%、30%、30%，这种股权架构有个重要问题——任何人都没有占到 51% 以上，任何人都没有公司的控制权。创业初期，主要创始人持股 51% 还不行，好的股权架构需要老大持股 2/3。股权架构不合理，只要出现问题，对于店铺都会是毁灭性的，一定会有合伙人被踢出局。

1. 均等的股权结构

不同的合伙人对创业项目的贡献不同，即使大家出资都一样，但在实际操作过程中每个人的优势和贡献度也是不同的。如果出资相同，而贡献度不同，店铺早期还是可以坚持的，但项目做成了，合伙人就会因为利益分配不均而出现问题。

2. 一个股东绝对不行

《公司法》规定：一人有限责任公司的股东如果不能举证证明个人财产与公司财产是独立的，会对公司债务承担连带责任。创业店铺开始时财务都不规范，经不起审计，一人有限公司不可取。

3. 最差的是五五分的股权结构

均等里面最差的就是 5：5 分账，形不成有效的决议，只会让公司陷入僵局。《公司法》股东会会议作出修改公司章程、增加或减少注册资本的决议，以及公司合并、分立、解散或者变更公司形式的决议，必须经代表 2/3 以上表决权的股东通过。很多创业公司表决权都是按出资比例分配的，5：5 的股权是无法形成股东会决议的，造成的局面是：一个股东控制公司财务章证照，另一个股东逼急了只能申请解散公司。可是，解散公司也是有条件的，就是公司两年内不能形成有效的股东会决议，公司经营困难。最终的结局必然是伤人伤己。

二、哪种是比较理想的股权分配方案

股权分配方案共有三种，店铺的重要工作就是从中找出最理想的、适合自己的股权分配方案：

1. 创始人持 67%，合伙人持 18%（指的是联合创始人），员工期权持 15%

如果公司章程没有特别约定，创始人就是绝对的老大。《公司法》规定，大多数公司的决策按照出资比例投票即少数服从多数，不包括公司章程有特别约定的；但有些重大事情还是需要超过 2/3 表决权的，例如：修改公司章程、增加或减少注册资本，合并、分立及解散，67% 正好超过了 2/3，持股 67% 是绝对的老大。

2. 创始人 51%，合伙人 32%，员工期权 17%

按照这种方式，公司大多数事情创始人都是可以拍板的，但要想修改公司章程、增加或减少注册资本，合并、分立及解散，都需要经过其他小股东的同意。这种模式可以将期权池的股权由创始人代持，释放期权时只释放分红权而不释放表决权。

3. 创始人 34%，合伙人 51%，员工期权 15%

这种情况下，创始人虽然不能拍板，但可以参与，只有重大事项的一票否决权，没有决定权。对于创始人来说，这是一种无奈的选择。如果创始人比较缺钱，联合创始人或者投资人比较强势，创始人只能保留一票否决权。

第三节　股权激励的设计

股权是股东对公司享有的权利，包括：财产收益权、管理权、表决权、剩余财产分配权等，由激励对象持股，可以大大提高激励对象的工作积极性。

如今股权激励计划在我国已经非常普遍，不论公司处于什么发展阶段，例如：创业阶段、发展阶段、上市阶段，都有必要实施股权激励；同时，还要选择不同的激励模式、设置不同的权利义务。

一、股权激励的模式

股权激励模式一般有三种：限制性股票（权）、股票（权）期权和虚拟股权。

1. 限制性股票

按照 2016 年 8 月 13 日起施行新《上市公司股权激励管理办法》第二十二条规定，限制性股票是指激励对象按照股权激励计划规定的条件，获得的转让等部分权利受到限制的本公司股票。

股权转让等权利受到限制的期限称为锁定期，在锁定期内也可以分别设置禁售期和限售期，禁售期可以是从获得股票之日起计算，要求激励对象在该期限内不得转让股权。

禁售期之后为限售期，限售期内若激励对象达到考核条件，就可以申请对所持的股权的一定比例解除锁定，通过逐步解除，到最后成为无限制性的普通股权，转让不受公司限制。如果限售期内未达到考核条件，公司有权回购，股东丧失股权，或者股东可以继续持有股票，但需要向公司支付赔偿金。限制性股票的目的是防止激励对象在获得股权之后立即套现，不再关心公司业绩。

从已有的案例来看，考核条件一般以不在锁定期限内主动提出离职为主，也有遵守公司的员工守则，不发生商业贿赂、侵占公司资产的违法行为，如果发生这些行为，公司将收回股权。

2. 股票（权）期权

《上市公司股权激励管理办法》第二十八条规定，股票（权）期权是指公司授予激励对象在未来一定期限内以预先确定的条件购买本公司一定数量股份的权利。该预先确定的条件，一般为价格条件，在期限届满激励对象行权时，如果该预先确定的价格比公司股票的市值低，激励对象就可能会选择购买；反之，就可能放弃行权。

流程设计一般是：先明确一个等待期（或者称为考核期），等待期内设置考核条件，期限届至符合条件的才可以行权。另外，所授予的股权也能多次转给激励对象，逐年分比例授予，称为兑现期。在兑现期内，还可以再设置一定的考核条件，如此这样一方面能激发员工的工作积极性，另一方面也能增加员工工作的持续性和稳定性，更加关注公司的长远利益。

3. 虚拟股权

所谓虚拟股权是指只享有分红收益权，没有表决权，不是完整的股权。

如果创始股东想控制公司的经营决策，就可以采用这种方式。通过股东转让方式授予，相当于是股东将其财产权益让渡给激励对象，华为公司的"虚拟受限股"就采用了这种激励模式：任正非仅持股 1.42%，剩下的 98.58% 的股权均由员工持有。但是，员工持股并不享有表决权，仅是分红权，流通受限，不能转让，当员工离开公司时，股权只能由公司回购，所以，也称为虚拟受限股。

虚拟股权也可以设置一个与股票期权同样的等待期，如果期内考核合格，如评价达到约定业绩标准，就可以行权获得分红。同时，为了防止激励对象随着工作时间增加变得不再积极主动，业绩下滑，也可以设定一个激励期限，例如：行权之后的三年内有权分红，三年期满，公司可以重新评估调整授予的虚拟股权份额。一般来讲，虚拟股权只是一个过渡阶段，获得虚拟股权，也就获得了进一步取得完整股权的可能，公司会在后续过程中授予激励对象其他激励工具，如员工持股平台、期权等。

二、利用股权激励建立合伙人团队的特点

股权激励是通过一定规则的设计，让老板和管理团队一起创造增量，分享预期贡献，而不是分存量、分老板的股份，本质还是对员工的激励，通过这种方式让员工变成合伙人身份是需要一个过程的。

通过股权激励的方式把员工变成合伙人，有以下几个特点：

（1）股权激励的对象是员工，即使获授股权激励，也还是员工身份，需要经过一定的时间、完成一定的绩效、达到一定的标准，身份才能由员工变为股东，这是一个逐步实现的过程，历时比较长，过程稍慢。

（2）股权激励后，员工还是员工，跟老板还是一种利益的博弈关系，例如：老板总想给员工低工资、拿高利润，而员工总想拿高工资，利润高低与

他无关，老板和员工是一对矛盾的统一体。直到员工用绩效换来股份，身份转变了，才有可能和老板真正成为利益共同体，开始真正共同关注企业的利润高低和未来发展。

（3）股权激励是一个比较庞大的系统项目，需要复杂的方案做支撑，在操作过程中还要面临等待期、行权期、禁售期、约束期、解锁期、授予条件、行权条件、绩效考核等制约，对企业的规范化要求比较高，操作起来比较复杂。

第四节　人力股的设计

A 公司是刚成立的一家电商企业。合作人甲出资 60 万元，乙出资 30 万元；技术与运营团队共 8 人，均为"90 后"，共出资 10 万元。丙是某电商企业副总裁，其看重 A 公司的发展前景及团队，打算投资 100 万元。

（1）初创期，A 公司急需解决如下的问题：

1）甲、乙和技术与运营团队，全职，既出资又出力，如何核算占股？

2）丙未离职，只是出资 100 万元，到底占多少股份？丙是相信甲与乙才投资的，假如他们中途离职怎么办？

3）如果甲与乙在四年内不离职，丙承诺出大钱占小股，底线为多少？

（2）为了解决上面这个问题，可以导入人力股的模式，设计出股权方案（含分红权），

其步骤如下：

1）按资金股占比 40%，人力股占比 60%，人力股分四年。方法如表8-1所示：

表 8-1 资金股占比 40%、人力股占比 60%、人力股分四年的股权设计方案

单位：万元

持股 \ 股东		甲	乙	技术和运营团队	丙	合计
出资情况	出资额	60	30	10	100	200
	持股比例（%）	30	15	5	50	100
股份分类	资金股占比（%）	12 （30~40）	6 （40~15）	2 （5~40）	20 （5~40）	40
	人力股占比（%）	20 （分四年兑现）	20 （分四年兑现）	20 （分四年兑现）	0 （无人力股）	60
合计持股（%）		32	26	22	20	100

2）分红权分四年成熟，解锁。当合伙人离职时，分红权全部收回，可以由甲或乙代持。

这种人力股的创新设计适合我国众多的中小企业，尤其是以智力与技术密集型为主的企业。以"90后"为主体的企业，股东一般都没有太多的资金投入，但他们有着与时代相结合的思维模式、前沿技术、坚韧不拔的创业精神和对互联网的深刻理解，因此适合采用这种方式。同时，这种设计系统地解决了投资方出工不出力、全职的创始团队出工又出力的问题，体现了人力资本的价值。

第五节　股权质押的设计

有这样一个案例：

甲、乙和丙三人关系较好，都对儿童玩具销售比较感兴趣，经过一段时间的准备，便成立了合伙企业，专门经营儿童玩具生意。由于三人齐心协力经营，生意蒸蒸日上。但就在此时，甲突发疾病入院治疗，需要巨额的治疗费用，甲因家里难以承受，便向亲戚借款20万元。

甲为了让亲戚放心其具备偿还能力，将其在合伙企业中的出资份额作为质押。二人签订相关协议后五天内，亲戚将20万元借款交付给甲。事后，甲将这件事告诉乙和丙，向他们征求意见。乙表示同意，但丙却很生气，他觉得企业正处在良好的发展时期，不同意甲的行为。

三人经过多次协商，依然无法达成一致意见，最后丙将甲告上法庭，要求确认甲跟亲戚签订的质押合同无效。

在这则案例中，甲向亲戚借款20万元的事实清楚，证据确凿，双方之间的借贷关系依法成立，当事人都无异议，本案的关键并不在于双方之间的借贷关系，而在于因借贷产生的质押关系。我国《合伙企业法》第二十五条规定："合伙人以其在合伙企业中的财产份额出质的，须经其他合伙人一致同意；未经其他合伙人一致同意，其行为无效，由此给善意第三人造成损失的，由行为人依法承担赔偿责任。"

法律之所以要这样规定，是由合伙企业自身的特点决定的。在合伙企业中，各合伙人之间是互相信赖的，每个合伙人都要对合伙财产承担相应的责任，不能随便处理财产。甲将自己在合伙企业中的出资份额质押给亲戚，但却忽视了一点，在合伙企业存续期间，其在合伙企业中的出资份额是合伙财产，如果未经其他合伙人同意质押，任何一方都没有权利处理合伙企业的财产。

目前，经济发展迅速，合伙店铺出现参差不齐的状况，在这种情况下合伙人的行为更要符合法律的相关规定。虽然甲的遭遇令人同情，但其违反了法律规定，不但不会得到应有的帮助，还需要承担赔偿责任。

那么，什么是股权质押呢？所谓股权质押就是把"股票持有人"持有的股票当作抵押品向银行申请贷款或为第三者的贷款提供担保的行为，通常发生在股东急需流动资金而又无法变现股份的情况下。通俗地说，就是将自己有权处分的股权拿出来作为抵押，为贷款等融资行为进行担保。

在这一过程中，股权在质押时通常都会进行"打折"（质押率），一般由质权人规定，多为股票20日平均价格的3~5折。例如，某公司股票基准价格为20元，质押率为3折，交易数量1亿股，融资成本为10%，期限为360天。那么，股票交易价格为30元×30%＝9元，获得的融资额为9元×1亿元＝9亿元，每年支付的利息为9亿元×10%＝9000万元。

店铺股权质押的操作流程如下：

（1）了解出质人及拟质押股权的有关情况，例如：有限责任公司章程中是否有对股东禁止股权质押和时间上的特殊规定；出质人的身份名称、出资方式、金额等；对拟质押的股权未重复质押的证明；会计师事务所对其股权出资而出具的验资报告；出质人的出资证明书等。

（2）出质人的股权须有该公司股东过半数以上同意出质的决议。

（3）出质人签订股权质押合同，并将出资证明书交给质押权人。

（4）将该股权质押，不能再转让和重复质押股权，注明在公司章程中和记载于股东名册中，并到工商行政管理部门办理股权出质登记。

第六节　股权众筹的设计

众筹最典型的除面向陌生人的众筹之外，还有面向熟人圈子的众筹、面向员工的内部众筹等。在所有这些众筹里面，最好用、最有效果的就是面向员工的内部股权众筹。

虽众筹表面上看是融资，但其实是通过融资达到融人、融智、融资源等目的。过去创业通常是缺什么找什么，现在通过众筹却可以是缺什么就找有什么的人，让有能力、有财力、有资源、有智慧的人成为股东，让身边的人成为股东，把个人事变成大家事，大家来一起共创、共享、共担。

众筹，本质是融人，可以让这些人帮自己开拓业务、开拓市场、发展和建设团队。向熟人众筹，彼此熟悉，很容易达到自己的销售目的，但是由于大多数人都有自己的工作，参与众筹并不是他们的主业，依然无法跟老板同甘苦共患难，只是出了几万元，众筹公司如果死掉也跟他们没有多大利益关系，最多就是损失几万元；如果是向内部员工众筹，让员工拿几万元入股，如果公司死掉，对他来说，风险就很大，不仅会没了工作，连家里的钱也没有了，所以员工一般都很珍惜这样的机会和身份，会跟老板一起认真经营。

由此不难发现，只有面向员工的内部众筹才能让员工和老板同心协力，让老板彻底拥有自己的合伙人团队。从另一个角度来看，作为老板，与其把钱分给外人，还不如把钱分给跟自己一起打拼的兄弟姐妹。

内部股权众筹的最终目的是建立合伙人团队，跟利用股权激励方式建立合伙人团队相比，不同点主要表现在以下几点：

（1）内部股权众筹是通过内部员工的认购形成的，员工一旦认购了股份，就变成了股东。所以，从众筹开始的那一刻起他就是股东，一开始就会把自己当作合伙人；而股权激励，要想拥有股权身份，需要经历一个比较长的时间。二者本质不同，必然会带来不同的结果、不同的身份感。

（2）通过股权众筹变成合伙人的员工和老板在利益上是一致的，从认购那一刻起，他们就成了利益共同体，他们都关注利润，关注店铺的长远发展。

（3）内部股权众筹只要设定一个认购标准即可。通常先给公司估值再确定股数，如果公司新成立，则更简单，只要把注册资本作为估值就可以，然后根据不同的岗位设定不同的认购标准，例如：总经理 60 万股、副总经理 30 万股、其他人 10 万股等，之后员工根据自己的岗位不同，直接认购就可以了，操作比较简单。这种方式建立合伙人团队，更直接、更有效。而股权激励就比较复杂，需要一整套系统方案。

通过上述分析可知，如果想建立一支属于自己的合伙人团队，最值得考虑的方式就是内部股权众筹。如此一来，才能更好地兼顾各方利益并激发人性中积极向上、负责任的一面，打造出阳光、积极的团队。

经典案例分析：华为合伙人

作为西方电信巨头的华为，从一开始就打上了"事业合伙人制度"的烙印。

在具体实践中，华为将以前的工分制度升级为合伙人品牌分制度，用品牌分来量化员工对公司的业绩贡献和文化贡献，并建立合伙人品牌分账户，实行虚拟合伙人股份机制，让员工与公司形成了利益共同体、事业共同体和命运共同体，彻底解决了员工打工心态问题，让员工为自己合伙人事业奋斗。

迄今为止，员工持股制度已在华为推行达 13 年，伴随着华为成为国际性的公司，越来越被世界所关注。

1. 制度数次调整

华为的员工持股制度历经了数次调整：

1990 年，处在创业期的华为第一次提出内部融资、员工持股的概念。主要策略是：按照工作级别、绩效、可持续贡献等给予内部员工股票，员工以工资、年底奖金出资购买股份；如果员工资金不够，公司协助贷款。员工享受分红权，但不享受《公司法》中股东所享有的其他权利；员工所持股份在退出公司时的价格是按照购股之初的原始价格回购，不享有股东对股票的溢价权。

2001年后，华为公司实行了相应的员工持股改革：新员工不再派发长期不变1元1股的股票，老员工的股票逐渐转化为期股，即所谓的"虚拟受限股"（下称"虚拟股"）。虚拟股由华为工会负责发放，每年华为会根据员工的工作水平和对公司的贡献，决定其获得的股份数。员工按照公司当年净资产价格购买虚拟股。如果拥有虚拟股的员工，主要收益除了一定比例的分红之外，还可以获得虚拟股对应的公司净资产增值部分。

2008年，华为再次调整了虚拟股制度，实行饱和配股制：规定员工的配股上限，每个级别达到上限后，不再参与新配股。这一规定让手中持股数量巨大的华为老员工配股受到限制，给新员工的持股留下了空间。

经过调整后的虚拟股制度一直沿用至今。

2. 理念：《华为基本法》

虽然该《华为基本法》年代久远，但包括任正非在内的华为各高层关于员工持股的言辞及员工持股计划相关策略的调整，都没有背离《华为基本法》。

1998年正式出台的《华为基本法》，是华为的一份纲领性和制度性文件，是华为价值观的总结，代表着任正非本人的管理思想。多年来，对《华为基本法》的内容部分曾做过修订，但关于涉及员工持股的价值分配章节的内容从未修改过。

在《华为基本法》第一章第四部分第 17 条中，关于华为员工持股的纲领性文件是这样表述的：我们实行员工持股制度。一方面，普惠认同华为的模范员工，结成公司与员工的利益与命运共同体；另一方面，将不断地使最有责任心与才能的人进入公司的中坚层。

这一表述契合了合伙人制度中的几个关键概念：一是模范员工，二是利益与命运共同体，三是中坚层。按照这种理解，华为犹如一个大的合伙人组织，员工持股计划以及自动降薪等系列行为，就符合华为的行事逻辑。这些行为并不只是任正非号召力和强权式推进的结果，而是建立在《华为基本法》上。大家是个共同体，共享利益，共进共退。

第九章 独力难支，众擎易举：
合伙人的财务管理

第一节 合伙人店铺的两大运营工具

一、店铺成本核算表

所谓成本核算是指将店铺在生产经营过程中发生的各种耗费按照一定的对象进行分配和归纳，计算出总成本和单位成本。通常以会计核算为基础，以货币为计算单位。

成本核算是成本管理的重要组成部分，对于合伙人店铺的成本预测和经营决策等有着直接影响。要想进行成本核算，首先，就要对生产经营管理费用进行审核，看其是否已经发生、是否应该发生；已发生的是否应该计入产品成本，可以实现对生产经营管理费用和产品成本直接的管理和控制。其次，要对已发生的费用按照用途进行分配和归结，计算出各产品的总成本和单位成本，为成本管理提供真实的成本资料如表9-1所示。

表 9-1 某店铺成本核算

项目：			
固定成本计算：日固定成本			
费用类型	费用总计	天数	每日费用
店铺租金/年		365	
转让费		730	
装修总投入		730	
设备总投入		730	
员工工资总和		30	
能源消耗		30	
产品总和毛利率（%）			
日固定成本合计			
日保本营业额			
盈利分析			
三种人均消费计算	预估值	预估值×0.8	预估值×1.2
人均消费	元	元	元
日保本消费人数	人	人	人
日预计消费人数	人	人	人
预计日营业额	元	元	元
预计日盈利	元	元	元
预计月营业额	元	元	元
预计月盈利	元	元	元
店铺基本信息			
店铺面积	平方米 *		
店铺作为数量估算	0.0 个店铺使用		非档口店或30平方米以上
保本翻台率	次		
员工工资总和（元/月）	元		
员工平均工资（元/月）	元		
员工人数 *	人 *		
首次预计投资费用			
首次预付押金 *	元 *		
开业前其他投资费用 *	元 *		如果没有其他费用填写为 0 元

续表

项目：		
首次预计投资费用		
首次投资预计费用	元	此费用不包括合作费用
单项成本：在此产品成本基础上，将租金按实际发生情况做日销售摊销，而装修折旧费用、设备折旧费用、转让费按两年内摊销完毕		

注：＊表示需要手动填写。

二、员工合伙协议书

关于员工合作协议书，可以参考下面的例子来拟定：

合作经营协议书

甲方：

身份证号码：

地址：

乙方：

身份证号码：

地址：

根据中华人民共和国法律法规的相关规定，甲、乙双方本着互惠互利的原则，经过友好协商，现就共同投资、合作经营事宜达成如下协议：

第一条　合作宗旨和经营范围

为了扩大公司市场占有率，积极拓展各地分店，现通过双方合作以发展多元化经营，全力追求最优经营业绩和利润的最大化。

投资经营范围：超市、零售业等，公司注册资本人民币_____万元。

投资经营地点：××省××市。

第二条　股权投资形式与投资者条件

1. 乙方自愿以技术及管理经验作为出资入股甲方注册的公司，甲方每年将公司注册资本的_____%股权（即人民币_____万元股金）无偿转让给乙方。

2. 乙方同时是公司的员工，与公司存在劳动关系。在公司中主要担任日常管理工作，听从甲方安排与指导。

3. 本协议签订之日起_____年内，在乙方当年考核合格的情况下，每年有权无偿受让_____%的公司股权（即人民币_____万元股金）。三年内当乙方合持达_____%的公司股权（注册资本以_____万元计算，即人民币_____万元股金）时，甲方不再无偿转让股权给乙方。

4. 乙方持有的_____%的公司股权时，如公司经营期间增加或扩大注册资本、扩大投资资金，乙方的股权比例为其所享有的股金除以增资后总股金。

5. 公司增资扩股后，乙方的股权比例应该重新计算，但其所享有的股金保持不变，乙方可持有公司的股金最高限额为_____万元。

6. 甲方对乙方的考核期限为_____年，如_____年内乙方未能通过考核的，甲方有权单方面解除本协议，且乙方全部股金自动消失。

第三条　权利与义务

公司的全体股东与乙方享受同样的权利与义务，乙方作为技术合作投资方参与经营并享有股权份额。

乙方的权利：

1. 乙方有权了解公司经营状况，并参与公司的经营管理。

2. 乙方有权按照实际股金占总股金的比例分配利润。

3. 对公司经营过程中的普通货款往来账目有权直接行使决定权，但不得弄虚作假。

4. 乙方有权对公司进行人事规划，在经甲方同意的情况下对公司员工进行任用与辞退。员工的薪资与福利报酬需报经甲方同意后方可实施。

5. 符合条件的，乙方有权转让其股金。

乙方的义务：

1. 遵守公司规章制度、遵纪守法。

2. 认真完成公司每年的业绩指标及甲方指定的任务。

3. 依其股权比例对公司的亏损承担偿还义务。

4. 乙方在合作存续期间不得自营或者为他人经营与公司同类（含不同类）的业务或者从事损害公司利益的活动。乙方如果从事上述业务或者活动的，所得收入应该归甲方所有，双方本合作协议自行终止。

5. 乙方不得泄露公司商业秘密以及公司各种内部资料，离职或退股后_____年以内的，禁止从事同行业（或不同行业）的业务，违反本条的应该赔偿甲方及公司的一切损失。

6. 乙方不得从事或实施损害甲方和甲方公司利益的任何活动（如账目上进行伪造、多列开支、少列收入）。如发生，乙方应承担相应的法律责任和造成的全部损失。

7. 除普通货款外单笔或累计超过_____元的开支均应该报由甲方批准，未经甲方书面批准乙方擅自处分的行为无效，一切后果由乙方自行承担。

8. 乙方应该在每月_____日前做好当月的计划与开支预算，提供给甲方审核。

9. 乙方不得对外签订任何合同、不得对外借款、不得提供担保、不得转让公司任何资产。否则，一切处分行为均无效，后果由乙方承担。

第四条　利润分配与劳动报酬

1. 每年_____月_____日甲乙双方对利润进行结算。先由公司会计做报表，列出公司亏损与盈利情况，后提交公司全体股东与乙方签订确认。对会计报表的数据有争议的，实行少数服从多数的表决方式。

2. 经核算，公司上年有利润可分配的，在_____月_____日前按乙方持有股金占公司全部股金的比例进行分配。公司如亏损的，在_____月_____日前按乙方持有股金占公司全部股金的比例承担亏损补偿义务，乙方必须在一个月内对亏损额进行缴纳，以弥补公司上年度亏损。

3. 乙方作为公司的员工，有权根据劳动合同约定，每月领取工资与享受福利待遇。

第五条　公司的运营管理

1. 运营管理：乙方对公司有直接管理权，甲方享有决策权与领导权。公司的主管会计由甲方推荐，公司的财务会计受股东监督检查。

2. 公司的固定资产与无形资产作为店铺的本身固有财产，乙方作为管理经验与技术出资入股的股东，不得请求对固定资产与无形资产的分配。本合作协议终止的，乙方只有权利对公司的可分配现金利润请求分割，同时对亏损承担偿还义务。

3. 公司经营期间，有新股东入股的，无须取得乙方同意。

第六条　协议的解除或终止、变更

1. 本协议作为双方合作协议，长期有效。原则上乙方不得单方面提出解除本协议，如因非个人原因确需要解除的，应该提_____以书面形式通知甲方。

2. 乙方单方解除本协议的，给甲方或公司造成损失的，应该承担相应的赔偿责任。并按照本协议约定承担亏损弥补义务。

3. 本协议解除或终止的，由会计根据出入账进行核算，确定可分配利润或需承担亏损的数额。

4. 本协议解除或终止后，乙方不得提出要求分割公司或甲方所有的产品、库存商品、店面、商标等固定资产与无形资产。乙方只有权利请求分割现金利润部分。

5. 乙方的股金为不得申请退还（因为该股金为赠送的虚拟股金），但可以转让给他人。乙方有权将部分或全部股金转让给他人，但应事先征得甲方书面同意。未经甲方同意的，转让行为无效。

6. 因乙方的股金为甲方根据其对公司的贡献率赠送的，该股金只是作为每年获取利润的标准。因此协议解除或终止后，乙方无权要求公司返还股金。但乙方对利润部分有权主张按比例分割，已经追加投资的利润部分乙方也无权请求分割。

7. 甲方有权在任何时间单方面解除本协议，并且对乙方不承担任何违约责任。

第七条 其他约定

1. 本协议约定中的公司，包括公司名下投资、管理经营的分店、个体户、分公司、支公司等。

2. 本合作协议解除或终止的，乙方与公司的劳动关系自行解除，并且乙方在劳动合同解除后，自愿放弃申请劳动仲裁或提起劳动争议方面诉讼的权利。

3. 公司解除或终止经营的，乙方有权根据本协议约定分配利润，有义务根据本协议承担亏损补偿责任。但乙方不得提出要求分割公司或甲方所有的产品、库存商品、店面、商标等固定资产与无形资产。

4. 解决协议纠纷的方式：执行本协议发生争议，由双方协商解决，协商不成应该向甲方所在地人民法院提起诉讼。

5. 本协议经各方签字后生效，一式二份，甲、乙双方各持一份。

甲方： 乙方：

年 月 日 年 月 日

第二节 合伙人分红的五种方式

传统的雇佣模式激励体系是"工资+提成+奖金+福利"。分红模式是在传统的薪酬体系下增加利润分红。海底捞就是这样做的。据说海底捞每个月都会拿出利润的5%交给店长进行分配。下面，我们就来详细谈一下合伙人分红的五种方式：

一、业绩增长期的分红模式

在合伙创业机制中，当店铺业绩增长，股东在分红时一般都要采用超额分红激励法。

1. 超额分红激励法的优点

对店铺来说，超额分红是根据门店的实际情况对基础目标进行灵活约定，可以起到极大的激励效果。例如，对盈利较稳定的门店，可以将利润目标设定为前两年平均利润的90%或80%；对盈利不佳的门店，可以设定台阶式的利润目标和分红比例；对盈利非常好的门店，也可以设定台阶式的利润目标和分红比例，例如：200万元盈利按10%分红、500万元按20%分红、1000万元按30%分红。

对员工来说，盈利越高，分红所得越高。更高的分红比例是一次发家致富的绝佳机会；最重要的是可以让合伙人知道，机会是掌握在自己手中的。超额分红激励制度为员工设定了一个可预期的成功目标，同时也让员工心甘情愿地承担了工作压力。

超额分红激励的一个显著优势是，利润目标更偏向于店铺和员工的约定，而不是店铺的规定性指标。在对合伙人进行激励时，要从注重激励的角度出发，根据门店的毛利润，按一定净利润率或成本费用总额，来计算门店的净利润，用于超额分红激励。

2. 超额分红激励法的注意点

（1）注重长期性。超额分红激励是一种股权激励模式，要注重激励的长期性，例如：超额分红激励如果不能长期执行，激励对象就无法对自己可以获得的激励利益做出明确预期。

短期超额分红激励仅仅是店铺和员工的一种激励协议。其实，股权激励作为一种系统的激励制度，充分体现了店铺的价值观，要想留住人才、吸引人才，就要把超额分红激励上升到店铺制度和文化等层面上。

（2）注重实时调整。超额分红激励制度要想稳定和延续，就要做出一些变化和调整。店铺的发展与政策、市场的变化有着密切的关系，超额分红有一定的灵活性。店铺可以在激励对象、利润目标、利润核算方式、激励条件、分红比例、现金提取分红方式等方面，进行合理调整。

（3）注重配套激励。一旦店铺规模扩大，就要同时采用其他合适的配套激励办法了，例如：①针对特别优秀的店长，可以采用实股激励法，培养新店长，开拓和发展新门店。②针对有资源基础的区域经理或总部管理层，可以采用合资合作激励法，最快地进行门店扩张，不影响现有的实股激励、超额激励。③针对新地区的新门店，采用承包激励法的激励方式，保证进行门店扩张、品牌拓展，避免加盟弊端，有效降低店铺风险。

二、业绩持平期的分红模式

在合伙创业机制中，当店铺业绩处于持平发展时期，一般会采用增量的分红方式。

1. 增量分红

增量分红是一个与存量激励相对的概念，是指店铺用超出的利润部分用于分红，不会降低店铺的预期利润和股东的预期分红。通过预先核算后设定利润目标和分红比例，完全可以做到增量激励，不会影响店铺的盈利。

例如，店铺去年利润为 200 万元，今年的保本目标是 200 万元，预期利润目标是 220 万元。店铺设定 200 万元为超额分红的基础目标，超过部分拿出 60% 用于激励分红；假如今年利润为 250 万元，则须拿出 30 万元（50×60%）用于激励分红，扣除店铺利润后为 220 万元……以此计算，如果将超额分红比例设定为 25%，店铺年利润 227 万元时，要拿出约 7 万元（27×25%）用于分红。

合伙人店铺可能存在股东意见不一致或已经有实股激励的员工持股等情况，在实施超额分红激励的头一两年，采取较保守的激励措施，不会损害持不同意见的股东利益，可以避免股东意见不合而产生争议。

2. 增量利润

店铺生存的基础来源于利润的增长，随着市场经济的发展，各行业的竞争已渐趋白热化，只有采用规模化的发展和经营，才能最终赢得成本优势，赢取市场，赢取店铺赖以生存的资本利得。那么，如何实现增量利润呢？

（1）导入和推广新品市场。从一定意义上来说，没有新品开发的店铺是没有希望的，没有新产品导入的市场是没有活力的。如果要提高店铺利润，最有效的营销策略还是产品策略。为了保证市场地位，为了延长产品的寿命周期，为了实现销量增长，就要进行新产品的市场导入和推广。

（2）渠道扩充。产品作为一种商品，其实是通过多渠道经营的，而我们的业务人员大多数都是在传统通路来完成最终的销售。因此，要想实现增量利润，就要不断扩充自己的渠道。

（3）增加市场数量。众人拾柴火焰高，在一定程度上也说明了数量的重要性。通过较多的市场布点，可以帮助店铺合伙人完成店铺和市场销量的递增。

（4）提升市场质量。"质量决定一切"是店铺管理的重心，不仅要打造好的产品质量，还要做好单市场的质量。简言之，市场质量就是将夹生市场做大、做成熟。很多店铺的市场都遵循了二八原则，20%的市场创造了80%的市场份额，实现薄弱市场的慢慢提升，店铺整体利润也会发生巨大变化。

（5）培养重点样板市场。榜样的力量是无穷的，样板市场异常重要。对样板进行培养，不仅会直接形成单个市场量的递增，还会对周边造成辐射，对周边市场在量上起到巨大的推动作用。

三、业绩下降的分红模式

在零售店铺，当店铺业绩不断下降时，公司提出只要在某一个业绩指标上，超出部分可以按照业绩完成情况进行按比例分配……具体百分比可以根据公司情况确定。

如果店铺停止增长、萎缩或缓慢增长、净资产投资收益率低于长期利率，利润再投资的收益率还不如银行利率高，最好不要进行现金分红，尽量采用股票、股权等分红方式。

股票期权模式是指股份公司赋予激励对象（如经理人员）购买本公司股票的选择权；具有这种选择权的人，可以在规定的时期内以事先明确的价格（行权价）购买公司一定数量的股票，也可以放弃购买股票的权利，但股票期权本身不能转让。

1. 股票期权激励模式的优点

（1）将经营者的报酬与公司的长期利益紧密联系在一起，实现了经营者与资产所有者利益的高度一致性，将二者的利益紧密联系起来。

（2）可以锁定期权人的风险，股票期权持有人如果不行权，不会有任何额外的损失。

（3）股票期权是店铺赋予经营者的一种选择权，是在不确定的市场中实现的预期收入，不需要店铺进行任何现金支出，有利于降低激励成本，还是店铺以较低成本吸引和留住人才的重要方法。

（4）股票期权根据二级市场股价波动实现收益，有着较大的激励力度。同时，股票期权受证券市场的自动监督，具有相对公平性。

2. 股票期权激励模式的缺点

（1）影响公司的总资本和股本结构。行权会分散股权，会对现有股东的权益造成影响，很容易引起产权和经济纠纷。

（2）来自股票市场的风险。股票市场的价格波动和不确定性，持续的牛市会产生"收入差距过大"的问题；当期权人行权但尚未售出购入的股票时，股价下跌到行权价以下，期权人就要承担行权后纳税和股票跌破行权价的双重损失风险。

（3）经营者的短期行为。股票期权的收益取决于行权之日市场上的股票价格高于行权价格，很有可能会促使公司经营者片面追求股价提升的短期行为，而放弃对公司发展的重要投资，降低股票期权与经营业绩的相关性。

四、亏钱时的分红模式

当店铺出现亏空时，如何进行分红？例如：一年店铺亏 10 万元，公司与合伙人约定，只要不亏钱，减亏部分可以拿出 20% 来进行分配，或者只要不亏钱，赚钱部分可以拿出30%~60%进行分配，所有分配机制可以试运行一段时间再根据实际情况调整。

例如，中海油服2016年巨亏114.56亿元，却拿出2.39亿元派现（每股拟派现0.05元）。这种情况是否可以分红？法定公积金是依照法律规定必须提取的。会计行业一般将法定公积金称作法定盈余公积金。《公司法》第一百六十六条规定，企业税后利润按如下顺序分配：

（1）提取利润（当年净利润）的10%列入公司法定公积金。公司法定公积金累计额为公司注册资本的50%以上的，可不再提取。如果这笔钱不够弥补以前的年度亏损，在提取法定公积金之前，要先用当年利润弥补亏损。

（2）可以从税后利润中提取任意公积金。

（3）按照股东持有的股份比例分配。上市公司向股东分配利润后如果还有剩余，称为未分配利润。在盈利年份，上市公司多留存未分配利润，少分配红利；在亏损年份，要将盈利年份的未分配利润拿出来弥补亏损；之后，如果未分配利润依然有剩余，可以发放红利，保障公司每年的股利发放额度保持在平均水平，这都是《公司法》允许的。

由此可见，中海油服在弥补2016年亏损后仍有巨额未分配利润，当然可以分红。不仅如此，法定公积金与任意盈余公积金合称盈余公积金，其主要作用也是弥补亏损。

目前，很多公司分红决策程序一般为：首先，总经理拟定利润分配方案，提交公司董事会、监事会审议；其次，董事会形成专项决议，提交公司股东大会审议。这里根本不会涉及债权人的事。

五、新创店铺的分红模式

2014年11月，"西少爷肉夹馍"的创始人之一宋鑫在网络上发表了一封公开信——"西少爷 CEO 请给大家一个交代"。

2014 年初，几名大学毕业生创业卖肉夹馍的故事爆红网络，带动了实体店销售量的大增。无论写公开信的宋鑫，还是文中提到的孟兵，都是故事的主角之一。但宋鑫在公开信中表示，走红后不久，自己正在潜心寻找新产品配方，却被赶了出来。同时，当时帮助西少爷创立的股东，不仅没有拿到分红，连本金都打了水漂。

宋鑫还在公开信中称，一位朋友的妻子待产，急于要回本金，但几次联系西少爷都没有结果。自己出面追款，孟兵给出的答复是——财务核算还没做好……

这封公开信在网上一经转发，引发了大量的连锁反应，其轰动效果毫不弱于让西少爷走红的文章《我为什么辞职卖肉夹馍》。在感叹昔日合伙人搞僵的现实时，很多网友也对孟兵的信誉提出了质疑。

其实，在西少爷创立过程中，一共进行了两次众筹，总计 85 万元。第一次众筹后孟兵提出，要以原价将股权收回，这也是让两人分歧加大的原因之一。在宋鑫离开西少爷后，30 多位众筹投资人没有拿到分红。在距众筹发起的时间近一年时，为了不损害当时出手相助的朋友权益，宋鑫便发表了这封公开信。

一般来说，当新创公司在进行分红时，可以通过下面两种方式进行：

1. 法定方式

所谓法定方式是指《公司法》确定的股东利润分配方式，即按照股东实缴的出资比例向股东分配利润。所谓实缴的出资比例是指按股东实际缴纳的出资占公司资本总额的比例。在允许股东分期缴纳的情况下，确定股东按照实际缴付的出资比例分取利润，可以进一步明晰股东的权利、义务，减少纠纷。

2. 约定方式

鉴于有限责任公司的人合因素，《公司法》允许股东不按照法定方式分配利润，通过协商一致的方式，就可以自由约定股东利润分配。但需要注意的是该约定的模式必须经公司全体股东一致同意，才能生效。

经典案例分析：阿里巴巴合伙人

阿里巴巴的合伙人制度又称为湖畔合伙人制度（英文翻译为"Lakeside Partners"）。该名称源于 15 年前马云等创始人创建阿里巴巴的地点——湖畔花园。阿里巴巴创始人从 1999 年便开始以合伙人原则管理运营阿里巴巴，并于 2010 年正式确立合伙人制度，取名湖畔合伙人。

1. 阿里巴巴坚持合伙人制度的原因

阿里巴巴在招股说明书中解释说，之所以坚持合伙人制度，是因为"保持合伙人精神，将确保公司使命、远景和价值观的可持续性""我们的合伙人制度是一个动态的实体，每年都会通过补充新成员、确保优秀、创新和稳定来保持年轻活力"。目前，马云等创始人以其超凡影响力取得了公司控制权，战胜了同股同权论者。

2. 阿里巴巴 27 名合伙人都有谁

在阿里巴巴合伙人中，创始人和公司一同成长起来的管理人员（2004 年前进入公司的非创始人管理层）以及从外部引进的专业管理人才大致保持了 2∶4∶4 的比例。其中，阿里巴巴集团的 18 名创始人中，有七人进入了阿里巴巴合伙人团队；而在 2004 年前进入公司，由公司自我培养出来的合伙人共有九位。此外，还有 11 名阿里巴巴合伙人是在 2004 年之后进入公司的，系公司从社会各界引进来的高层管理人员，涉及财务、法务、技术等各个专业领域。在他们当中，最早加入的已在阿里巴巴工作了近九年，名单中包括樊治铭、胡晓明（孙权）、井贤栋、刘振飞、邵晓锋、Timothy A. Steinert、王坚、武卫、俞思瑛、曾鸣、张勇（逍遥子）。

3. 阿里巴巴合伙人新增至 30 人

如今阿里巴巴合伙人团队成员已由原来的 27 人增加到 30 人，最新加入的三人分别是来自阿里云技术团队的蔡景现、来自小微金服集团技术团队的倪行军及来自人力资源及组织文化团队的方永新，三人都是"70 后"。阿里巴巴规定，每年都要选举一批新的合伙人加入团队。

4. 阿里巴巴合伙人如何选出来

要想成为阿里巴巴合伙人，必须满足几个硬件条件：必须在阿里巴巴工作五年以上，具备优秀的领导能力，高度认同阿里巴巴的公司文化和价值观。一旦当选，没有任期限制，直到该合伙人从阿里巴巴离职或退休。在前三批合伙人选举中，阿里巴巴认真研讨合伙人章程，对每个新入选的合伙人都要经过激烈的争论，经验丰富。

5. 阿里巴巴从元老到合伙人制度

2009 年 9 月，马云宣布包括自己在内的 18 位创始人集体辞去元老身份，阿里巴巴将改用合伙人制度；2010 年，阿里巴巴合伙人制度正式开始试运营。

第十章　单丝不成线，独木不成林：
合伙人的风险控制

第一节　道德风险

一、合伙人婚姻的风险

在高速信息化的时代浪潮中，人们的创业热情水涨船高。对于合伙创业型店铺来说，选择正确的合伙人是关键的一环。可是，在选择合伙人的过程中也存在很多风险，其中合伙人的婚姻状况就是一种常见风险。

从小一起长大的李珊和秦岭，是 20 多年的老朋友。两人从幼儿园开始，就一直是同学兼好友。两个人的关系一直都很好，大学学的也是同一专业。毕业后，两人都应聘到一家养生馆就职。之后，养生馆转型，开设了美容项目，两人便借此机会学习美容知识。两年下来，她们都掌握了比较专业的美容手法，决定辞职单干。

2009 年，每人出资 10 万元，合伙创办了一家减肥瘦身馆。由于没有创业经验，账目管理出现了问题：记账不详细，账目不明确；再加上两人都比较年轻，花钱也大手大脚，整体账目十分混乱。

此时，更严重的问题出现了。秦岭的丈夫出轨，卷走了家里的全部资产，秦岭备受打击，没有心思工作。美容店也因为秦岭的原因再度跌到了冰点，一个月后，不得不关门。

在合伙创业的过程中，合伙人的婚姻状况是一个不可忽视的因素，事实证明，在很多合伙创业的过程中，由于都是因为婚姻发生意外，间接或直接地导致了创业的失败。所以，在选择创业合伙人时，一定要重视合伙人的婚姻状况，一定要多考虑对方的夫妻关系。

二、合伙人股权代持的风险

目前，股权代持已经成为大家都知道的一种直接持有股权的变通方式，具有隐秘性和灵活性，可以在一定程度上让投资人更便捷地做出适当的出资安排。可是，这种变通安排却面临着合法性等根本问题，其中之一就是股权代持法律风险，如股权代持协议的法律效力被否定。

股权代持协议的主要目的是通过该协议实现隐名股东的投资。法律或行政法规可能禁止或限制隐名股东实施投资行为或投资于特定行业。如果隐名股东属于被禁止，或限制实施投资行为的人，或者其拟投资的企业所在的行业属于法律或行政法规禁止或限制投资的特定行业，股权代持协议很可能会被认定为具有非法目的。此时，虽然股权代持协议本身并不被法律或行政法规所禁止，但却可能因为其目的的非法性而被认定为以合法形式掩盖非法目的的行为，被认定为无效法律行为。

在股权代持协议架构下，无法有效规避上面的法律风险。因此，要采用其他可能的形式来有效规避前述风险。具体来说，可以采用下列交易结构规避前述风险：投资者 A 将自己的投资资金借贷给 B，由 B 投资于 A 拟投资的公司 C，形成 B 对 C 的股权。之后，A 和 B 签署债务清偿协议，约定以 B 对 C 的股权未来所产生的全部收益在扣除 B 的成本以及 A 承诺支付给 B 的相应报酬后，全部支付给 A，以清偿 B 对 A 的债务。

当然，为保障 B 的债务的履行，B 可以委托 A 行使股权，并将其对 C 持有的部分股权质押给 A，并履行必要的股权质押登记手续。

第二节　章程风险

一、章程对股东资格丧失的规定

公司章程是公司设立的最基本条件和最重要的法律文件，是公司成立、存续和确立公司权利、义务关系的基础性法律文件，是公司内部管理和外部交往的根本法律依据。制定公司章程是设立公司必须进行的要式法律行为。

关于公司章程的性质，主要存在着两种观点，其中，德国、日本等大陆法系国家，都将其看作是公司内部的自治规则；而英美法系国家则多将其看作是公司股东之间的契约。但是，无论如何定位，二者依然有着共同点——自治性，即公司章程是投资者就公司的重要事务及组织活动作出具有规范性的长期安排，带有极强的自治色彩。

公司章程与股东资格确认之间的关系可以从两个层面来分析：其一，股东姓名或名称被记载在公司章程上；其二，股东在公司章程上签字盖章。公司章程是公司作为社团法人最为主要的象征之一，一旦签署了章程，就表明签署者愿意成为社团法人的成员之一。因此，以签署章程作为股东资格确认的法律标准，具有典型的意义。

公司章程是证明股东资格的重要形式证据，通常被公司章程记载或签署公司章程的人，都可以取得股东资格。公司章程是判断股东资格的重要标志，主要原因如下：

(1) 按照我国《公司法》及《公司登记管理条例》规定，公司章程由全体股东共同制定，并且应该载明股东的姓名或名称、股东的权利义务、出资方式和出资额等，股东应该在公司章程上签名盖章，未记载不会产生《公司法》上的效力。在公司设立时，应该将公司章程提交给公司登记机关核准；发生了股权转让而改变股东姓名或者名称，应该修改公司章程，重新记载股东姓名或名称。

(2) 从公司章程的效力来看，公司章程对公司的其他主体具有一定的约束力。除了公司章程的制定者应该受到公司章程的约束之外，其效力还能扩展到公司成立后的股东、公司本身和管理层。受到公司章程效力影响的人主要局限在公司内部，除此之外，在某些特定情形下，债权人等公司外部人也可能受其约束。所有受章程约束的主体都应该尊重和认可股东通过签署章程所表现股东的真实意思。

(3) 公司章程具有重要的法律地位和意义。公司是营利性组织，由人和财产根据一系列的规则建立起来。这些规则包括：自由制定的规则和《公司法》规定的强制性规则。其中，自由制定的规则来自章程和其他契约；公司章程对于公司的作用如同宪法对于国家的作用。由此可见，公司章程在公司自治规则体系中的地位是异常重要的。

(4) 公司章程的公开性。公司章程并不是秘密文件，上面记载的内容都是能够被公众所熟悉的。公司和公司登记机关应该采取措施，保证公司股东及潜在投资者、债权人及潜在的交易对象可以用不同的方式从不同的途径了解到章程的内容。公司章程的公开性主要体现在两个方面：一是公司章程需要经过登记，具有极大的公开性；二是在公司日常经营中，应该将公司章程置放在公司，以便公司股东查阅，同时满足交易对方查阅公司章程的要求。

通过上面的分析可以发现，经过工商登记的公司章程对内是确定股东及其权利义务的主要根据，具有对抗股东之间的其他约定的效力；对外具有公示和公信的效力，是相对人判断公司股东的重要依据。可是，在实践中依然存在公司章程记载和签署公司章程不一致的情形，这时股东资格应该如何判定？当公司章程的记载与公司章程中的签名盖章之间发生冲突时，可以用公司章程上的签名盖章来确定股东资格。

二、章程对股东股权转让的规定

1. 公司章程对股权转让的限制性规定高于《公司法》规定时的效力

我国《公司法》第三十五条规定，股东向股东以外的人转让其出资时，必须经全体股东的过半数同意。如果公司章程规定股东向非股东转让股权，必须经全体股东的 2/3 或者 3/4 同意，甚至必须经其他股东一致同意。本书认为，当公司章程对股东转让股权的限制性规定高于《公司法》的规定时，应该认定为有效并得到执行，原因如下：

（1）由公司章程的性质决定。对于公司章程的性质，学界共有三种主要学说，如表 10-1 所示。

表 10-1　关于公司章程性质的三种学说

学说	观点
契约说	此种观点认为，公司章程由股东或发起人共同协商制定，在公司成立后对股东或发起人具有法律约束力，因此从其订立和效果来看，具有契约（或合同）的性质

续表

学说	观点
自治规则说	此种观点认为，公司章程不仅对参与制定章程的股东有约束力，还对持反对意见的股东及后续加入的股东和特定条件下的第三人也有一定的约束力。公司章程是公司的内部宪章，是公司内部及成员的最高行为准则
综合说	此种观点认为，公司章程关于发起人权利、义务及出资方面的规定具有契约性质，其他多数条款则具有自治规则等性质

本书比较认同第二种观点。公司章程关于股东转让股权限制条件的规定，应属于股东自治规则，股东自治规则如果不跟强行法的规定发生冲突，应该是有效的。

（2）由有限公司的性质决定。

虽然《公司法》第三十五条第二款规定，必须经过一定比例（过半数）的股东同意，但若公司章程的规定达不到这一比例要求时，就违反《公司法》的强制性规定，则属于无效条款；若达到（包括超过）《公司法》规定的比例要求，即满足了《公司法》规定的条件，应属有效。

对于这个问题，我国《标准化法》也有类似的规定，该法第六条规定："已有国家标准或者行业标准的，国家鼓励企业制定严于国家标准或者行业标准的企业标准，在企业内部适用。"

2. 公司章程对股权转让的限制性规定低于《公司法》规定时的效力

《公司法》第三十五条第二款规定："必须经全体股东过半数同意"属于强制性规范。"过半数同意"是最低要求，并不是指导性标准。如果公司章程的规定低于《公司法》的最低要求，此种规定应该是无效的。因此，如果公司章程规定股东向非股东转让股权的，必须经过全体股东的1/3（甚至更低比例）同意，这样的规定就是无效的。

3.《公司法》未规定时，章程对股权转让限制条款的效力

有些公司在章程中规定，股东要求转让股权的，必须提前三个月（时间或长或短）向董事会书面提出。这样的规定是否有效《公司法》没有涉及。实践中有不同意见，本书认为，在不与《公司法》规定冲突的前提下，公司章程可以作出特别规定。

第三节　涉税风险

一、股东借款的个人所得税风险

一般来说，合伙店铺股东容易触犯三大个人所得税风险：

1. 年末借款未还

投资者从其投资的企业（个人独资企业、合伙企业除外）借款长期不还的处理：

（1）纳税年度内，投资者从其投资店铺（如个人独资企业、合伙企业除外）借款，在该纳税年度终了后既不归还，又没有用于店铺生产经营，没有归还的借款可以看作是店铺对个人投资者的红利分配，按照"利息、股息、红利所得"项目计征个人所得税。

（2）投资者从其投资的店铺（如个人独资企业、合伙企业除外）借款，在超过 12 个月的该纳税年度终了后既不归还，又没有用于店铺生产经营的，其未归还的借款应该当作店铺对投资者的红利分配，按照"利息、股息、红利所得"项目计征个人所得税。

（3）对《财政部　国家税务总局关于规范个人投资者个人所得税征收管理的通知》（财税〔2003〕158号）一文生效前已发生的投资者借款，从该文生效之日算起；超过12个月的，在超过12个月的该纳税年度终了后既不归还，又没有被用于店铺生产经营的，其没有归还的借款应该看作是店铺对投资者的红利分配，按照"利息、股息、红利所得"项目计征个人所得税。

2. 有限责任公司用税后利润及资本公积金转增注册资本征税问题

（1）对属于个人股东分得并再投入公司（转增注册资本）的部分，要按照利息、股息、红利等项目征收个人所得税。股份制企业股票溢价发行收入所形成的资本公积金转增股本由个人所得的数额，不能作为应税所得征收个人所得税。

（2）公司制企业歇业清算时对未分配利润、盈余公积金的税务处理。对于全部或部分由个人投资者兴办的有限责任公司，在申请注销办理税务清算时，结余的盈余公积及未分配利润，在依法弥补企业累计未弥补的亏损后，要按照投资者的出资比例计算分配个人投资者的所得，按"利息、股息、红利所得"项目计征个人所得税。

（3）股份制企业派发红股征税问题。股份制企业用盈余公积金派发红股属于股息、红利性质的分配，对个人取得的红股数额，可以作为个人所得征税。股份制企业在分配股息、红利时，以股票形式向股东个人支付应得的股息、红利（即派发红股），应以派发红股的股票票面金额为收入额，按利息、股息、红利项目计征个人所得税。

3. 企业为个人消费性、财产性支出的涉税处理

（1）投资者以企业资金为本人、家庭成员及其相关人员支付消费性支出及财产性支出的处理问题：

《财政部　国家税务总局关于企业为个人购买房屋或其他财产征收个人所得税问题的批复》（财税〔2008〕83号）第一条规定：根据《中华人民共和国个人所得税法》和《财政部　国家税务总局关于规范个人投资者个人所得税征收管理的通知》（财税〔2003〕158号）的有关规定，符合以下情形的财产，不论所有权人是否将财产无偿或有偿交付企业使用，均为企业对个人进行了实物性分配，应依法计征个人所得税。

（2）企业出资购买房屋及其他财产，将所有权登记为投资者、投资者家庭成员或企业其他人员的：

投资者个人、投资者家庭成员或企业其他人员向企业借款用于购买房屋及其他财产，将所有权登记为投资者、投资者家庭成员或企业其他人员，且借款年度终了后未归还借款的。

个人独资企业、合伙企业的个人投资者或其家庭成员取得的上述所得，可以看作是企业对投资者的利润分配，按照"个体工商户的生产、经营所得"项目计征个人所得税；对除个人独资企业、合伙企业之外其他企业的个人投资者或其家庭成员取得的上述所得，看作是企业对投资者的红利分配，按照"利息、股息、红利所得"项目计征个人所得税；对企业其他人员取得的上述所得，按照"工资、薪金所得"项目计征个人所得税。

二、股权转让中的涉税事项

股权转让中涉及的税收问题主要有营业税、企业所得税、个人所得税、印花税。

1. 营业税

《营业税税目注释（试行稿）》（国税发〔1993〕149号）第八、第九条对此作出了明确规定："以不动产（无形资产）投资入股，参与接受投资方利润分配、共同承担投资风险的行为，不征营业税。但转让该项股权，应按本税目征税。"

2002年12月《财政部　国家税务总局关于股权转让有关营业税问题的通知》（财税〔2002〕191号）对这种行为征税办法重新作出规定，自2003年1月1日起，对以无形资产、不动产投资入股，参与接受投资方利润分配，共同承担投资风险的行为，不征收营业税。对股权转让不征收营业税。《营业税税目注释（试行稿）》（国税发〔1993〕149号）第八、第九条中与新规定内容不符的予以废止。

2. 企业所得税

企业股权投资转让所得应并入企业的应纳税所得，依法缴纳企业所得税。

（1）企业股权投资转让所得或损失是指企业因收回、转让或清算处置股权投资的收入减除股权投资成本后的余额。国税函〔2004〕390号规定：企业在一般的股权买卖中，应按《国家税务总局关于企业股权投资业务若干所得税问题的通知》（国税发〔2000〕118号）有关规定执行；股权转让人应分享的被投资方累计未分配利润或累计盈余公积应确认为股权转让所得，不得确认为股息性质的所得。

（2）国税发〔2000〕118号规定：企业股权投资转让所得应并入企业的应纳税所得，依法缴纳企业所得税；投资企业取得股息性质的投资收益，凡投资企业适用的所得税税率高于被投资企业适用的所得税税率的，除国家税收法规规定的定期减税、免税优惠以外，其取得的投资所得应按规定还原为税前收益后，并入投资企业的应纳税所得额，依法补缴企业所得税。根据以上规定，投资企业可以利用其在被投资企业的影响先由被投资企业进行利润分配然后转让股权，减轻所得税费用。

（3）国税、提高税后净收益的目的函［2004］390号关于股权转让所得税补充规定：

企业在一般的股权（包括转让股票或股份）买卖中，应按《国家税务总局关于企业股权投资业务若干所得税问题的通知》（国税发［2000］118号）有关规定执行。股权转让人应分享的被投资方累计未分配利润或累计盈余公积应确认为股权转让所得，不得确认为股息性质的所得。

企业进行清算或转让全资子公司以及持股95%以上的企业时，应按《国家税务总局关于印发〈企业改组改制中若干所得税业务问题的暂行规定〉的通知》（国税发［1998］97号）的有关规定执行。投资方应分享的被投资方累计未分配利润和累计盈余公积应确认为投资方股息性质的所得。为了有效避免对税后利润重复征税，对企业改组活动造成影响，计算投资方的股权转让所得时，允许从转让收入中减除上述股息性质的所得。

《国家税务总局关于执行〈企业会计制度〉需要明确的有关所得税问题的通知》（国税发［2003］45号）第三条规定，企业已提取减值、跌价或坏账准备的资产，如果有关准备在申报纳税时已调增应纳税所得，转让处置有关资产而冲销的相关准备应允许作相反的纳税调整。因此，企业清算或转让子公司（或独立核算的分公司）的全部股权时，被清算或被转让企业应按过去已冲销并调增应纳税所得的坏账准备等各项资产减值准备的数额，相应调减应纳税所得，增加未分配利润。

3. 个人所得税

根据个人所得税法规的有关规定，个人转让股权应按"财产转让所得"项目依20%的税率计算缴纳个人所得税。财产转让所得，以转让财产的收入额减除财产原值和合理费用后的余额为应纳税所得额。

这里的合理费用是指纳税人在转让财产过程中按有关规定所支付的费用，包括营业税、城建税、教育费附加、资产评估费、中介服务费等。而有价证券的财产原值，是指买入时按照规定交纳的有关费用。

需要注意的是，在计算缴纳的税款时，必须提供有关合法凭证，没有提供完整、准确的财产原值合法凭证而不能正确计算财产原值的，主管税务机关可以根据当地实际情况对其财产原值进行核定。

4. 印花税

（1）非上市公司不能以股票形式发生的企业股权转让行为，属于财产所有权转让行为，应按照产权转移书据缴纳印花税。《印花税税目税率表》第十一项规定，产权转移书据应按照所载金额的万分之五贴花。国税发〔1991〕155号第十条进一步明确："财产所有权转移书据的征税范围是：经政府管理机关登记注册的动产、不动产的所有权转移所立的书据，以及企业股权转让所立的书据。"这里，企业股权转让所立的书据，是指未上市公司股权转让所立的书据，不包括上市公司的股票转让所立的书据。

（2）财政部、国家税务总局对上市公司股票转让所立的书据怎样征收印花税作出了专门规定。2008年4月，经国务院批准，财政部、国家税务总局决定，从2008年4月24日起，调整证券（股票）交易印花税率，由现行3‰调整为1‰。即对买卖、继承、赠予所书立的A股、B股股权转让数据，由立据双方当事人分别按1‰的税率缴纳证券交易印花税。

（3）对经国务院和省级人民政府决定或批准进行政企脱钩、对企业（集团）进行改组和改变管理体制、变更企业隶属关系及国有企业改制、盘活国有企业资产，发生的国有股权无偿划转行为，暂不征收证券交易印花税。

第四节 知情权风险

一、股东知情权

知情权是股东诸多权利中的一项基础性权利，失去了知情权，股东的其他权利也就等于零。

近年来，我国股东知情权纠纷问题频繁发生，无论是有限责任公司，还是股份有限公司都出现了这种情况。在有限责任公司中，通常表现为参与经营管理的股东或执行事务的股东侵犯非参与经营管理股东的知情权，全部或部分剥夺了其收益权；在股份有限公司中，通常表现为操纵董事会的大股东侵犯了小股东的知情权，小股东经常被架空；在上市公司中，通常表现为大股东操纵董事会提交虚假的财务报告和经营信息，侵犯社会股东的知情权，使其无法获取投资利益，甚至被欺诈。与股东知情权纠纷一起增多的是股东知情权诉讼案件的增多和类型多样化。

1. 股东知情权的概念

无论是境外公司法，还是我国公司法，对股东知情权都很少有明确定义。股东知情权并不是公司立法上的概念，而是公司法学者的理论总结。我国学者对股东知情权的定义基本一致，大多数学者认为：股东知情权是指股东获取公司信息、了解公司情况的权利。

在法理上，股东知情权是对一组股东权利集合、抽象之后做出的理论概括，是法律规定的股东享有的一项重要的、独立的权利，独立于其他股东权利而存在，也是股东实现其他股东权的基础权利。股东知情权是股东参与公司管理的前提和基础，是股东的一项法定权利，公司章程不能剥夺，更不能限制。

2. 股东知情权纠纷案件的法律依据

《公司法》第三十四条规定："股东有权查阅、复制公司章程、股东会会议记录、董事会会议决议、监事会会议决议和财务会计报告。股东可以要求查阅公司会计账簿。股东要求查阅公司会计账簿的应该先向公司提出书面请求，说明目的。公司有权根据认为股东查阅会计账簿有不正当目的的，可能损害公司合法利益的，可以拒绝提供查阅，并应该自股东提出书面请求之日起十五日内书面答复股东并说明理由。公司拒绝提供查阅的，股东可以请求人民法院要求公司提供查阅。"

《公司法》第九十八条规定："股东有权查阅公司章程、股东名册、公司债券存根、股东大会会议记录、董事会会议决议、监事会会议决议、财务会计报告，对公司的经营提出建议或者质询。"

《公司法》第一百六十六条规定："有限责任公司应该按照公司章程规定的期限将财务会计报告送交各股东。股份有限公司的财务会计报告应该在召开股东大会年会的二十日前置备于本公司，供股东查阅；公开发行股票的股份有限公司必须公告其财务会计报告。"

《民事案件案由规定》第九部分"与公司、证券、票据等有关的民事纠纷"中规定有"股东知情权纠纷"。

3. 股东知情权的内容

虽然学者对股东知情权概念的界定基本上差不多，但对于股东知情权内容的认识却存在很大分歧：

第一种观点认为，股东知情权主要表现为股东的查阅权。

第二种观点认为，股东知情权包括股东的查阅权和公司的强制信息披露义务。

第三种观点认为，股东知情权包括财务会计报告查阅权、账簿查阅权和询问权。

第四种观点认为，股东知情权包括公司的信息披露义务、股东的查阅权和股东通过司法救济强制获得公司信息的诉讼权。

股东知情权是股东获取公司信息、了解公司情况的诸多权利的概括和总结，应该包括股东实现该种目的的所有的《公司法》上的权利。具体来说，股东知情权包括以下内容：

（1）查阅权。查阅权，也就是股东查阅公司文件的权利。根据《公司法》第三十四条、第九十八条的规定，股东查阅权的对象包括：有限责任公司的公司章程、股东会会议记录、董事会会议决议、监事会会议决议、财务会计报告、会计账簿；股份有限公司的公司章程、股东名册、公司债券存根、股东大会会议记录、董事会会议决议、监事会会议决议、财务会计报告。在股东知情权的内容中，查阅权处于股东知情权的核心地位。

（2）复制权。根据《公司法》第三十四条的规定，股东复制权的对象包括：公司章程、股东会会议记录、董事会会议决议、监事会会议决议、财务会计报告。

（3）质询权。所谓质询权是指股东就公司特定事项请求公司予以解释的权利。根据《公司法》第九十八条的规定，股东有权对公司的经营提出建议或者质询。

（4）公司信息接收权。公司信息接收权从公司角度来说，就是公司的强制信息披露义务。《公司法》第一百六十六条规定，有限责任公司应该按照公司章程规定的期限将财务会计报告送交各股东。股份有限公司的财务会计报告应该在召开股东大会年会的 20 日前置备于本公司，供股东查阅；公开发行股票的股份有限公司必须公告其财务会计报告。

二、合伙人知情权

为了方便不执行事务的合伙人了解企业的经营情况，行使监督权，防止受委托执行事务合伙人滥用权利，损害合伙人的共同利益，《个人独资企业法》第二十七条第一款规定，由一个或者数个合伙人执行合伙事务的，执行事务合伙人应定期向其他合伙人报告事务执行情况、合伙企业的经营和财务状况。

这一规定对执行事务合伙人是一项强制性义务，也就是说，该合伙人有义务按照合伙协议约定的期限实事求是地向不执行合伙事务合伙人报告企业内外事务执行的情况，特别是企业的经营情况，如生产、销售等情况及盈利或亏损等财务情况，必要时还要提交企业的财务会计报告等反映企业经营与财务状况的有关文件。

充分了解合伙企业的经营状况和财务状况，是不执行事务合伙人监督执行合伙事务的最有效手段。其重要途径是查阅合伙企业会计账簿等财务资料，获取企业财务的真实情况。没有查账权，合伙人的监督权就会落空。为了保障不执行事务合伙人切实行使其监督权，维护其合法权益，保护合伙企业正常的生产经营活动，《个人独资企业法》第二十七条第二款规定，合伙人为了解合伙企业的经营状况和财务状况，有权查阅合伙企业会计账簿等财务资料。

在委托执行合伙事务中，执行事务合伙人是根据合伙人的委托执行企业部分或全部事务，对外代表企业的负责人，其法律关系体现为代理关系。代理是代理人在代理权限内，可以以被代理人名义从事活动，法律后果由被代理人承受。

就合伙企业来说，执行事务合伙人受其他合伙人委托从事经营管理活动，只要在授权范围内从事业务活动，就是以企业为载体的全体合伙人行为，由企业承担责任，包括执行事务的费用和亏损；由企业享受收益，包括利润和各项所得。最终，由全体合伙人承担责任和获取收益，执行事务合伙人执行事务所获收益不得据为己有。

执行事务合伙人超出授权范围从事的行为，对内应由合伙人自行负责；对外如果交易对方不知道自己的行为是越权行使的，就是合伙企业的有效行为。合伙企业不能以执行事务合伙人的越权对抗善意的交易相对人。

第五节 法律风险

一、在合伙制企业中出资人用劳务出资的法律风险

《合伙企业法》规定，经全体合伙人协商一致，合伙人可以用劳务出资。具体来说，究竟什么人可以用劳务出资，如何量化以劳务出资的合伙人的特殊技能……这些问题涉及各合伙人的切身利益，法律没有作出具体规定，由全体合伙人自行协商确定。因此，当约定不明或约定不当时，劳务出资的法律风险不能获得法律补充性弥补。劳务出资常见的法律风险有四个方面：

1. 劳务出资价值确定的法律风险

劳务的价值很难进行准确衡量，通常都依赖于合伙人之间形成的统一意

见。如果合伙人仅仅同意以劳务出资，没有明确自己的价值，就会产生不确定的法律风险。在评估时，还要以合伙企业是否存在实际的利润分配比例或损失承担等作为劳务出资价值的补充确定。

2. 劳务出资人承担责任的法律风险

劳务出资人并不像其他以财产出资的合伙人，如果本身不具备财产出资能力，在承担责任问题时，就要事先明确其是否按照正常合伙人承担。当劳务出资人具有足够的财力时，就可以忽略该法律风险。

3. 劳务出资人停止提供劳务的法律风险

劳务出资对合伙企业的价值在于其提供的劳务，可是一旦确定了其在合伙企业中占据的出资比例，劳务出资人也就不再为合伙企业提供服务了，其出资份额不会自动消失。不能简单地认为，劳务出资人不提供劳务属于撤回出资的退伙行为，因为一旦劳务出资人的劳动能力或技能丧失，也就不具备继续提供劳务的必要性了。

4. 劳务出资人退伙的法律风险

劳务出资人对合伙企业没有实际的投入，当退伙时，合伙企业已经不再享有其提供的劳务。如果劳务出资人退伙，各合伙人就会发生矛盾，劳务出资者分配合伙财产的比例和方式也就很难简单理清。在事情发生前，该法律风险属于隐性法律风险，不会引起合伙人注意；但诱因发生时，直接导致法律危机造成的损失是无法预算的。

二、隐名合伙的法律风险

隐名合伙是当事人一方对另一方的生产、经营出资，不参加实际的经营活动，不再分享营业利益；同时，以出资额为限承担亏损责任。

我国法律不允许以出资额为限承担责任的有限合伙的存在，可是在实践中，一方面大量的资金想通过合伙的灵活方式投资；另一方面合伙企业也需要更多的资金。有限合伙在客观上有需求、在法律上没有规定的情况下，隐名合伙是当事人自行设定的制度。

隐名合伙人并不在合伙企业登记中体现，其权利义务都会通过与出名合伙人之间的协议确定，因此双方之间的约定是否完善异常重要。

隐名合伙应该注意的问题有三个方面：

1. 隐名合伙人不参与经营管理

隐名合伙人是单纯的投资者，承担的责任是有限责任，如果其参与到经营管理中，滥用权利的信用风险就会显著高于其他合伙人。

2. 隐名合伙人不能以劳务出资，出资形式仅限于财产权

隐名合伙人不参与经营管理，不具备劳务出资的条件。有些国家和地区的有限合伙法律甚至直接规定，这种合伙人只能以货币出资。

3. 隐名合伙人在我国合伙企业中不具有相应的法律地位

当出现亏损时，其他合伙人不能披露隐名合伙人，主张其应该承担普通合伙人责任。关于这些，都要在隐名合伙协议中明确其他合伙人的保密义务。

经典案例分析：名创优品合伙人

2014 年以新型生活方式集合店业态抢滩中国的名创优品，采用自己的商业模式，以真正"优质、创意、低价"撼动了整个中国零售市场。自 2013 年 9 月进入中国市场以来，所向披靡，全面布局在华智能消费品市场，如今在华店铺数已突破 800 家。2015 年营业收入突破 7.5 亿美元，2016 年营业收入近 15 亿美元。目前，MINISO 名创优品已与包括美国、加拿大、俄罗斯、新加坡、阿联酋、韩国、马来西亚及中国香港、中国澳门等 60 多个国家和地区达成战略合作协议，平均每月开店 80~100 家。

名创优品将自己定位为"日本快时尚设计师"品牌，凭借独特的品牌定位及品牌核心价值，以优质、创意、低价完美演绎了品牌定位的差异化优势。为了表达"简约、自然、富质感"的生活哲学，其每七天就会上一批炫酷新款，价格低廉，品牌新锐，从而赢得了消费者的热捧。

关于名创优品的合伙模式，还要从其"投资型加盟"说起。开设名创优品店铺，有两种合作形式：一种是对名创优品总部投资，共担风险，共享利润。另一种是"投资型加盟"。名创优品的加盟政策是"品牌使用费+货品保证金制度+次日分账"。

名创优品加盟模式最大特点在于，加盟商只要将首笔货款打给名创优品总部，之后的商品均由名创优品提供，加盟商不但不用支付货款，还能将前一天销售额的 38% 作为收益。

也就是说，加盟名创优品，加盟商只要支付品牌使用费、租金、装修、首笔货款及办理一些工商执照即可，其他的关于店铺运营、人员招聘、商品供应均由名创优品提供。其实，名创优品的加盟模式就是借别人投资的"场"，用自己的"人"，卖自己的"货"，并将卖货所得毛利额都给加盟商。

名创优品总部收益来自两方面：一是品牌使用费（以三年期限，每家店 15 万元）；二是商品价值链上的 8 个点利润。也就是说，在名创优品的商品研发制造出来后，通过加盟商卖给消费者，加盟商提出销售额的 38% 作为收益后，每件商品留给名创优品总部的只有 8 个点的利润率。从这个角度来说，名创优品是一家 B2B 企业，门店数越多，销售额越大，总部也就赚得越多。

第十一章 一燕不成春：不要陷入合伙经营的误区

第一节 合伙必须交钱

周云、王佳、李立打算合伙开一家餐馆，周云出资 30 万元并负责日常经营，王佳出资 20 万元，李立提供家传菜肴配方。结果在最后分红时，三人之间出现了问题：周云和王佳都觉得，李立没有出钱，不是合伙人。果真如此吗？难道要想成为合伙人就一定要出钱？只有资金股才是真正的合伙人，其他的就不是合伙人？其实，这里陷入了一个误区。合伙人既可以用货币、实物、知识产权、土地使用权或其他财产权利出资，也可以用劳务出资。

通常，主要有以下几种出资方式：

（1）货币。也就是通常意义上的资金。

（2）实物。指合伙人现存的可以转让的有形财产，如厂房、机器设备、原材料、零部件等。

（3）知识产权。包括商标权、著作权、专利权、发明权、发现权，以及其他科技成果等。

（4）土地使用权。当然必须是依法获得的。

（5）其他财产权利。除了上面四种之外的具有财产内容的权利，如商业秘密权、土地承包权、担保物权、采矿权、债权、资本证券等。

（6）劳务出资。指出资人以自己的劳动技能等并通过自己的劳动所体现出来的出资形式。

需要说明的是，以实物、知识产权、土地使用权或者其他财产权利出资，需要评估作价的，既可以由合伙人一起商量确定，也可以委托给法定评估机构进行评估；合伙人以劳务出资的，具体的评估办法，通常要由全体合伙人协商确定，同时在合伙协议中标明。

第二节　合伙人机制一劳永逸

合伙人制度不是长久不变的，既然有加入，也就要建立相应的合伙人退出机制。

合伙人可以进来，也可以退出。店铺要想建立一种"奋斗者为本"的文化，就要在合伙人的进入机制和退出机制中建立系统制度。如员工违纪退出、员工违反店铺制度、员工破坏品牌分制度，如果违反到一定程度，就要直接开除，将其从合伙人中除名。

合伙人委员会的总裁，有一票否决制；委员会总裁由公司创始人董事长担任，在合伙人的退出方面，制度上面要严格把关。

如果合伙人在年度的品牌分考核上没有达到 B 级以上，C 级就可以取消，

D级就可以除去当年的合伙人资格和分红。如果下一年度再想成为合伙人，还要重新进入相应的进入机制。

······

当然，比合伙人制度更重要的是合伙人文化的培养。离开了文化支撑，就会形成一种禁锢，只有建立起合伙人文化，才能将机制的支撑作用充分发挥出来。

公司的长远发展，离不开"制度+文化"的支撑。华为之所以会发展如此强大，并不是他们的技术强大、创新能力强大，而是因为在技术和创新能力背后有一套人力资源体系，这套人力资源体系就是以奋斗者为本的合伙人制度体系。

第三节　利润按人头分会更好

在合伙创业时，利润的分配是最敏感的问题，按人头划分看起来似乎很公平，其实更容易引发矛盾和冲突。各合伙人对公司的贡献是不同的，将利润按人头分，必然会伤害到贡献大的合作人利益。

比如，三个人一起合伙创业，约定所得利润各得1/3，且创业的大部分资金都由第一个人投入，技术开发创新都由第二个人提供，第三个人只是偶尔帮帮忙。三个人付出的劳动明显不同，却要将利润进行平均分配，如此前两任多半都会心生不满，就容易产生矛盾。因此，利润的划分必须以公平合理为前提，合伙人付出的金钱、技术、客户资源、劳动等都可以作为划分依据。

几个人合伙创业，有的提供资金，有的提供场地，有的提供技术能力，有的提供销售渠道，有的提供融资资源……各合伙人提供的资源不同，各资源性质不同，无法等价对比，如果没有明确的标准，很容易出现问题。所以，创始人之间的股权分配，不能简单商量一下就做出划分比例，要科学、客观，至少有书面文字合同，要能说服大家、让团队更团结。

第四节 只要分钱员工就会积极响应

其实，合伙人的概念非常简单，就是"合在一起成为一伙"，大家共同承担责任，共同分享成果。对于店铺来说，合伙人具体表现就是员工获得股份、分红权，成为股东，成为公司的主人。

店铺内部对员工激励的方法有很多，物质激励只是其中一个很小的部分。人的需求层次可以用金字塔来表示，从塔底到塔顶，依次为：生理需求、安全需求、社会需求、尊重需求、自我实现需求。根据马斯洛的理论，一旦一个层次的需求得到满足，另一个层次的需求就会变得很重要，犹如一个上升的阶梯。当员工发出抱怨时，可能表明他有着高一层次的需求。所以，要想提高员工的积极性，除了进行物质鼓励之外，还可以采用以下三种方式进行员工激励：

1. 为员工提供更多的发展机会

员工都希望通过自己的工作获得他人的肯定，尤其是领导的肯定，因此一定要为员工提供更多的发展机会。首先，要为员工进行培训，努力挖掘员工潜力，如此既能调动员工积极性，也可以大大提高店铺竞争力。其次，在管理者的选拔上应该给员工更多的机会，以内部培养选拔为主，促使员工充满期待地投入到工作中，当然他们也会更加努力。

2. 为员工营造良性的竞争环境

莎士比亚曾说过，庄严的大海能产生蛟龙和鲸鱼，清浅的小河只有供鼎俎的美味鱼虾。舒适的环境，会让人心生安逸，失去进取心。对店铺来说，要想让员工都成为"蛟龙"和"鲸鱼"，就要让员工之间存在一种竞争关系，通过优质竞争，提高团队的竞争力。

3. 用荣誉来激发员工的热情

店铺都希望员工在集体荣誉感的驱使下努力工作，在现代社会中，集体荣誉与个体荣誉从根本上说是一致的：个人荣誉是集体荣誉的体现和组成部分，集体荣誉是个人荣誉的基础和归宿，因此要想让员工拥有集体荣誉感，首先就要通过个人荣誉来换取员工的认同感，有效激励员工努力工作。

第五节　人情亲情混杂

1996 年，孙成纲跟弟弟孙成旗成立了山东神光钟英证券咨询公司。公司的股权结构为：孙成纲持 50%，孙成旗持 40%，孙成旗妻子董琳持 10%。前期资金全部由孙成纲垫支。两人分工合作：孙成纲主要负责公司外部运转和技术，孙成旗主要负责公司的内部管理和业务。两人互相约束、互相扶持，无论大事小情，都商量着来，配合非常默契。

在兄弟俩的一致努力下，神光证券走过了创业期，累计资产达到 2 亿元，然而这时候兄弟俩在企业经营战略上产生了分歧：孙成纲坚持公司向多元化发展，而孙成旗则坚持要在本行业做精做深。兄弟俩谁也无法说服谁，矛盾不断升级，最终冲突全面爆发。

如今，很多中国店铺采取的都是家族式创业方式。这种方式，对下属的要求不是太严，甚至对自己的人情化管理引以为豪。可是，情感化管理和人情化管理是完全不同的两个概念，本质区别在于，情感化管理是以情动人、以情感人、以情励人；而人情化管理则是人治权谋，对待不同的人有不同的标准。因此，必须利用情感化的柔性管理方式进行管理，但不能陷入"人情化"的陷阱。

店铺"性格"通常都由最高管理者的性格决定，团队"性格"也要受到团队主管的影响。随着时间的推移，这些影响就会逐渐形成一种独特风格，其外在的表现形式就是店铺文化、做事方式和规章制度的执行等。

人情化管理的模式与现代店铺制度是完全冲突的，凭感觉办事，是人情管理的一大误区。人情化管理模式忽略了管理的残酷性，很容易让管理者失去主动权，让管理失去刚性约束力，只会让店铺发展滞缓甚至走下坡路，在激烈的竞争中失去优势。

经典案例分析：红豆居家为何能获得用户"芳心"

红豆居家在 2008 年初创时，由于居家内衣行业的消费群体以女性为主，红豆居家把"红豆居家，女人的选择"定为品牌口号；2010 年起，因沿袭红豆集团"情文化"，红豆居家的品牌口号就改成了"红豆居家，爱中国家庭"，可是由于没有个性的爆款级产品，红豆居家的规模体量始终没有很大的提升。

这么多年，红豆居家始终在摸索，直到 2014 年，红豆居家在学习定位理论后，战略规划豁然明朗。不管是消费者还是企业，产品都是根本。红豆居家价值回归，决定以产品为主线，深挖消费者的痛点，满足用户需求，打造行业级爆品，成为产品类代表。

红豆居家在挖掘消费者痛点后，做出的第一个产品就颠覆自我。当时，在红豆居家销售最好的是黄金甲之类的不倒绒内衣，红豆居家针对不倒绒的化纤材质闷湿不透气、手感差、有静电等痛点，研发出了红豆绒内衣。"好柔好暖红豆绒"成为顾客心中健康、舒适内衣的代名词，成功打开了广大消费者的市场，发展势头迅速。

截至 2017 年 11 月，"红豆居家"在全国各省市门店数量已达到 1101 家，拥有线上线下忠诚红粉 105 万人，公司营业收入较同期增长 73%，远远超越了同行业平均水平。业绩逐年提升的背后正是红豆居家紧紧围绕用户，深挖消费者一级痛点，不断迭代创新，研发出一款又一款爆品。

同时，快速开店扩大规模的背后正是因为红豆居家采用联营全托管的商业模式，实现了门店统一形象和快速扩张；以共赢的理念，将服装产业链资源有效整合到一起，带动了整个产业链经营的良性循环。既规避了传统加盟模式的无店铺管理的弊端，又解决了联营商的库存问题，并通过优惠的政策支持、有效管理，充分保证联营商的利益，做到"零库存、无风险、高回报"。

附　录

合伙人机制落地实操

1. 搞清楚究竟为什么要合作

如果你想创业，可是各方面的资源不够，就可以找些人来合作。如此，就能让自己的创业项目得到不错的实施和发展，就能让合作双方实现资源的共享，从而让自己变得更强大。具体的合作方式有：项目与项目的合作、项目与人的合作、项目与技术的合作、项目与资金的合作、项目与社会资源的合作。

2. 知道彼此合作的目的或目标是什么

明确和清楚了合作目的或目标，合作才会顺利；合作人之间只有明确共同目标，才能走到一起。因此，目标的正确性是合作成功的重要内因，也是能否找到合伙人的关键。能够作为合作伙伴的一定要有不错的可合作资源，这种资源就是你的合作目的。

3. 是需要了解合作伙伴的职责

合作初期要明确合作人伙伴的各种职责，最好做出书面的职责分析。既然要进行长期合作，就要明晰责任，如此才能减少互相扯皮、推卸责任等问题的出现。

4. 确定合作投入比例以及利润分配

合作投入比例，取决于各合作人的合作资源作价。投入比例和分配利益成正比，这一点需要合伙人在一开始的时候就用书面标清明细，需要认真分析后期资金或资源的再进入情况。如果一方没有融资实力，其他合作者的投入会转换成相应的投资占有股，来分配投入产出利润，根据合作人之间约定的书面分配合同，分配各自利润。

5. 确定合伙人的工资

合伙人之间可以自由选择薪酬支付方式，例如：基本薪资加提成、浮动薪资加期权，薪资结算期可长可短。这些内容都需要在开始的时候商量好。

6. 明确最终拍板由谁做决定

遇到问题的时候，都需要一个人来拍板。对于合伙企业来说，遇到普通的日常经营问题，可以由创始人或总经理来做出决断；如果事关团队利益，各合伙人都有表决权，可以通过投票的方式来决定，也可以选出一个彼此都信任的人来做决定。

7. 明确合伙人之间不能触碰的底线

人与人之间的合作是求同存异的过程，在对待某些重大问题或决策时，合伙人需要达成共识。这时，要界定好彼此能接受的底线、自身能够承受的极限……这些也是合伙创业的基础。

8. 是全情投入，还是有所保留

全职创业和兼职创业的区别在于，能花费更多的时间和精力去管理公司事务，如果合伙人有多位，至少要有几位合作人能够全身心投入，搭建好团队的核心框架。

9. 合伙人需要提前签订协议

只有将合伙人的权利和义务用书面文字写清楚，才会减少纠纷和矛盾。事实证明，跟熟人做生意合伙人更要小心一些，因为一旦因利益产生纠纷就会导致创业失败，不仅会失去事业，还会失去朋友。

10. 合伙人提前离场的规定

合伙创业，如果某个合伙人打算中途退出，怎么办？如果是个人原因，例如出国或离开当地，要看看他是否愿意保留部分股份并支持公司发展，如果是团队之间出现了矛盾，关系破裂且无法挽回，最好用和平协商的方式来解决。

11. 将合伙人退出机制写进公司章程

用工商局指定的章程模板，很难将股权退出机制直接写进公司章程。其实，合伙人之间可以另外签订协议，约定股权的退出机制。即股东协议约定，一旦公司章程与股东协议发生冲突，就以股东协议为准。

12. 有人退出时确定退出价格

所谓股权回购就是"买断"，在确定退出价格时，可以考虑两个因素：一个是退出价格基数，另一个是溢价/折价倍数。在确定具体回购价格时，要认真分析公司具体的商业模式，既要让退出合伙人分享到企业的成长收益，又不能让公司产生太大的现金流压力，预留一定调整空间和灵活性。

13. 合伙人离婚的股权处理

合伙人离婚，不仅会对家庭造成影响，还会影响到企业的发展，甚至还会导致公司实际控制人的变更。原则上，婚姻期间财产是夫妻双方的共同财产，但是夫妻双方可以另外约定财产的归属：一方面，确保离婚配偶不会影响到公司的经营决策管理；另一方面，保障离婚配偶的经济权利。

14. 股权与贡献不匹配的处理

公司股权一次性发给合伙人，如果合伙人的贡献是分期到位，很容易出现股权分配与贡献不匹配问题。为了减少这种风险，可以采取以下三项措施：①合伙人想磨合一段时间之后再合作；②创业初期，预留较大的期权池，给后期股权调整预留足够的空间；③股权分期成熟与回购等机制，可以对冲这种风险。

15. 制定解雇合作人方案

即使是创始人也可能被解雇。公司在创立前要设定一套机制方案，可以妥善地终止合伙人的执行角色。这个问题比较尖锐，但需要合伙人提前讨论清楚。

参考文献

［1］张笑恒．合伙人［M］．北京：京华出版社，2009．

［2］武帅．不懂合伙，必定散伙［M］．北京：中信出版集团，2016．

［3］荆涛，赵学成．赢在合伙人［M］．北京：中国财富出版社，2016．

［4］姜博仁．新合伙制：移动互联网时代的新型企业组织模式［M］．北京：人民邮电出版社，2016．

［5］李振勇．合伙制：互联网时代的高效企业组织模式［M］．北京：人民邮电出版社，2016．

［6］钱方磊．重新定义合伙人：共享经济下的融合之道［M］．北京：北京理工大学出版社，2017．

［7］康志军．事业合伙人：知识时代的企业经营之道［M］．北京：机械工业出版社，2016．

［8］郑指梁，吕永丰．合伙人制度：有效激励而不失控制权是怎样实现的［M］．北京：清华大学出版社，2017．

后　记

在合伙人创业的时代，只要自己具备创业需要的某项元素，如资金、人脉、管理能力等，都可以成为合伙人，都能拥有自己的店铺。可是，任何店铺的成功并不是只要找到了合伙人就可以了，即使找到了合伙人，也不一定能够将店铺运转起来。因为，合伙之后的后续管理和运作，才是最重要的。众多合伙人创业项目失败，充分说明了这一点。

虽然找到了合伙人，但也仅仅是具备了创业的前提。在店铺的经营过程中会遇到很多问题，如人事、客户、管理等，任何一方面出现问题，都会影响店铺的正常运营，这就需要各合伙人发挥自己的经营之道和聪明才智，群策群力；同时还需要发挥各自的长处，并且都要以店铺的发展为己任。如果只想着自己的得失，对店铺存在的问题袖手旁观；只想着盈利，对店铺管理不屑一顾……这样的店铺很难生存，更何况把店铺做大、做强。

切记：创业，从寻找合伙人开始！成功，从协作开始！